课堂教学技能培训实践丛书

小学数学课堂教学指导探究技能操作与实践

丛书主编　王凤桐　纪　方
本书主编　马　新　王海霞　刘亚丽

图书在版编目（CIP）数据

小学数学课堂教学指导探究技能操作与实践 / 马新，王海霞，刘亚丽主编．—北京：首都师范大学出版社，2015.10

（课堂教学技能培训实践丛书 / 王凤桐，纪方主编）

ISBN 978-7-5656-2470-4

Ⅰ.①小…　Ⅱ.①马…②王…③刘…　Ⅲ.①小学数学课－课堂教学－教学研究　Ⅳ.①G623.502

中国版本图书馆CIP数据核字（2015）第181646号

课堂教学技能培训实践丛书

XIAOXUE SHUXUE KETANG JIAOXUE ZHIDAO TANJIU JINENG CAOZUO YU SHIJIAN

小学数学课堂教学指导探究技能操作与实践

马　新　王海霞　刘亚丽　主编

责任编辑　杨鸿霄

首都师范大学出版社出版发行

地　址　北京西三环北路105号

邮　编　100048

电　话　68418523（总编室）　68982468（发行部）

网　址　www.cnupn.com.cn

印　刷　三河市博文印刷有限公司

经　销　全国新华书店发行

版　次　2015年10月第1版

印　次　2015年10月第1次印刷

开　本　710mm×1000mm　1/16

印　张　8.5

字　数　150千

定　价　21.00元

前　言

微格教学是训练教师掌握教学技能的理论和方法，其特点是有理论、有实践、形象具体，可操作性强，是促进教法课改革、提高教师教学能力、开展教学研究的好方法。

结合我校教学实际，我们参与了孟宪凯教授主持的北京“十一五”立项课题“教师课堂基本教学技能标准、训练及其评价的研究”的项目，并在首都师范大学郭友教授和北京市教育学会微格教学研究会王凤桐先生的指导下，进行了多年的微格教学实践研究，重点进行了“小学数学课堂指导探究技能操作与实践”的研究，教师获益匪浅，成果显著。

数学课堂指导探究技能是教师在数学教学中，结合开展合作学习、数学实践活动等形式，引导学生通过探究，提出数学问题，进而进行探索解题并加以验证的探究学习活动。掌握了此项技能，对于改变课堂教学结构，更新教师角色，实现以学生为主体的教学十分有益。

现在将我们在微格教学探究中的点滴体会汇集成书，希望与参与微格教学的同行切磋交流，共同提高，为微格教学的深入研究做些微薄努力。

本书共九章，内容涉及数学课堂教学中指导探究技能的定义、指导探究技能的功能、指导探究技能的要素、指导探究技能的类型、指导探究技能的使用策略、指导探究技能的评价单、指导探究技能的教学案例，最后还提供了指导探究技能的综合教案，每章都配有故事、实录、案例等内容，以增强文章的实践性、可读性。

由于水平有限，对于微格教学和教学技能的理解有限，问题一定不少，希望读者提出宝贵意见，达到共同提高，以此推动教学技能操作与实践向更高水平发展。

编　者

2015 年 3 月

目　录

第一章　教学技能概说

一、教师必须掌握职业技能

1. 教师必须掌握精湛的专业技术

教师不但应具有广博的知识、高尚的品德修养，还要精通业务，具有精湛的教学技术。必须重视对教师的职业技能训练，提高他们从师任教的专业素质。

原国家教委教师司(1992)39号文件关于印发《高等师范学校学生的教师职业技能训练基本要求(试行稿)》的通知指出："学校各级领导要把加强学生的教师职业技能训练作为深化教学改革，提高师范学生培养质量的重要内容来抓。"通知强调不但师范生要接受职业技能训练，在职教师也有必要接受职业技术培训。

美国教育家布卢姆在研究改革教学的新观点时，提出了相对固定或静止的变量(短期难于改变的因素)和相对容易改变的变量(短期可以改变、见到效果的因素)两个概念：1985年9月他在上海讲学时，就提到了教师本人的特征，如教师的学历、地位、智力等，属于短期难于改变的因素，而教学质量特征，如教学概念的阐述、提问等，属于短期可以改变的因素。

对于短期可以改变的因素，他说："只要给教师一面镜子，让他自己照一照，就能提高。"布卢姆号召集中一定的力量来研究这些容易改变的因素，这样就可以较快地提高教学水平，提高教育质量。

微格教学利于对老、中、青教师及指导教师的培养。

我国的早期师范教育主要是知识性的，教法课对教学提出了一些原则，但对教学技能以及如何使教师掌握教学技能却没有具体的要求和训练方法。对教师的培训也只有少量的课堂模拟，并且只从一般经验出发，人为的评价成分多，对于把教学技能作为评价内容重视不够，特别是对教师如何培养学生能力的教学更无系统的理论与实践要求。

现在，我们引入微格教学，把它作为教师培训改革的动态研究内容，是对以往忽视教学技能的师资培训的重新审视和改革。它对师范院校和在职教师培训都大有好处。

老教师。对于老教师而言，他们掌握了教学技能培训理论，对学员实行动态培训，将教学技能培训理论与教学实践相结合，减少了经验之谈，多了科学性、系统性、实践性，减少了指导教学的盲目性。

社会在发展，知识在不断更新，教师的终身教育已提到日程上来，微格教学可以帮助老教师完善自己的教学，并随时用微格教学的方法研究教学，不断探索、改进自己的教学，以形成自己独特的教学风格。

中年教师。中年教师掌握了教学技能理论，也可以完善自己的教学，并总结自己以往的教学经验，使理论与实践紧密结合，开展教学研究。这样，中年教师的教学工作就会锦上添花，更上一层楼。

年轻教师。刚参加工作的年轻教师，他们接受优秀教师的示范和熏陶很有必要，但是，只是观察他人教学并不能提高自身感受力。“要知道梨的滋味，必须亲口尝一尝”。对年轻教师来说，要敏感地获得教学感受，必须经过实践，缺乏早期教育实践这一重要环节将导致不良的教学习惯。

年轻教师摆脱了纯理论学习的环境，刚刚身临其境地感受教学实际，已觉察到自己的不足，他们由教学生疏走向教学成熟需要一个实践过程，这时候对他们进行培训正是雪中送炭。

指导教师。传统的师傅带徒弟的言传身教的方法没有系统的培训理论知识，就事论事，随意性、盲目性较大。现在，有了微格教学的方法，对于指导教师来说，有了技能培训的理论依据和训练要求，不再囿于传统的经验教学，对学生的训练方法更加科学化、系统化，从而有效降低了教学指导过程中的盲目性。

苏联教育家巴班斯基说：“只有在掌握基本教育学知识和技能的基础上，才有可能实现教学过程最优化。”巴班斯基的这句话一语中的，但在我国相当长的一个时期内并未引起人们的重视。原北京教育学院院长温寒江同志认为：教师的教学、教育技能，即教师工作的基本功，在当前师范教育、师资培训工作中，并没有得到人们普遍的重视；在师资培训工作中，教师的知识与技能失调现象是比较普遍的。

北京市有关专家对本市中小学教师素质和能力进行专题调查，结果表明，在 1987 年分配到中小学工作的教师中，高师、中师 87 名毕业生，完全掌握教师工作十项基本功的占 36.6％，基本掌握的占 55.1％，没有掌握的占 8.3％。这表明提高教师教育教学能力，对教师进行职业技能训练、提高教师素质是十分必要的。

2. 要转变师资培训观念

据1988年有关专家调查，全国小学教师合格率为68.1%，初中教师合格率为35.6%，高中教师合格率为41.3%。华东师大在调查该校学生的知识结构时发现，即使在尖子生中，教育知识较差的占40%，心理学知识较差的占60%，这种情况普遍地存在于我国师范教育领域中，直接影响未来教师的素质。

在广大在职教师中，教育理论修养状况如何呢？北京市有关专家对412名中学教师做调查，结果是：有较高教育理论修养，并能自觉地将其运用于指导教育教学工作的，仅有30人，占7.3%；对教育理论有所了解，但了解不多，有时也能运用，但运用不够自觉的，有160人，占38.8%；对教育理论的学习不重视，所知甚少，经常违背教育规律的有222人，占53.9%。（温寒江主编：《论教师的素质》，北京燕山出版社，1991年，第87页）

为什么会出现这种情况呢？

我们首先看传统的教师专业课的教学情况：教师的专业知识课程简称"三课"或"三学"，或称为"三学一法"。"三课"既然是教师的职业培训课程，理应受到重视，但在实际教学中却出现了危机。表现有三：教师厌教，学生厌学，教学的效果不佳。

除去客观因素外，在"三课"的教学中，实际问题的"症结"在哪里呢？是教给师范生的理论不够吗？不是。主要是理论不结合实际。

在我们的师资培训中，讲授教法课的教师，其教学方法并不灵活，教学方法陈旧、呆板，基本上是长篇大套，以理论知识的灌输方式授课。

接受培训的师范生的实际情况是：厌倦这种授课方式，将要去教别人，自己反而对专业课不感兴趣。结果是，师范生参加工作后，对教学工作心中无底，觉得在学校里学的专业知识不务实，不能立竿见影，他们的理论与实际相差太远，还需要他们自己在工作中逐步摸索前进。

正如北京教育学院孟宪凯先生所说：提高教师的素质，提高他们的教学能力是师资培训亟待解决的问题。其关键是理论如何联系实际的问题，也就是说要在师资培训方法上进行改革，开辟新的有效的师资培训途径。（国家教委师范司教材处编：《教育改革论文集》，上海教育出版社，1993年，第211页）

提高师资培训质量，要从教育思想、教育观念上有所转变：不仅应该重视受训者教学理论水平的提高，还要重视教学能力的培养；不仅要重视师范生学习理论知识，还要重视他们掌握知识的全过程；不仅要进行少量的教学实习，还要进行大量的课堂教学技能的训练。

近些年来，人们对于教育的研究和对直接影响学生学习的一些因素的认识都发生了很大的变化。这种变化使我们能有效地改进学生的学习方法，亦有可能明确地描述有利于学生高水平学习的各种条件。

现在，对教师教学能力的培训，已经从静态研究教师和学生转向直接研究、观察师生在课堂上相互作用的动态过程，这种方法论上的变化，是教育研究的进步，它对提高师资培训质量，对深入开展课堂教学研究具有极大的意义。

实践证明，开展微格教学，用它来培训教师掌握教学技能，是使师范生或在职教师理论联系实际，提高自身素质和教学能力的好方法。

长期以来，教师的职业技能训练为什么没有引起人们的重视呢？主要是一些传统观念束缚了人们的认识。

有人轻视教学技能训练，认为教师只要有了知识就能教好书，只要有了专业知识就自然有了专业技能。持这种观点的人忽视了知识和技能的联系和区别，他们把知识和技能等同了。实际上，有了知识不等于有了运用知识的技能，教师学习了专业知识，把知识用于教学实际还有一个实践过程。好比飞行员驾驶飞机，他有了开飞机的知识，不经过开飞机的实际练习，他绝对不敢驾驶载客飞机飞航班。又好比医生学习了手术知识，不进行实习，他绝对不敢给病人开刀。

教师有了教学法知识是一回事，运用教学法于教学实际是另一回事。有的人专业知识考100分，到工作中却一筹莫展；有的人头脑里知识丰富，在表达时却是茶壶煮饺子——倒不出来。事实说明，将知识和能力等同的观点是错误的，持这种错误观点的人还混淆了方法和技能的区别。实际情况是，教学方法可以作为知识传授，教学技能的掌握则要靠训练来完成。

教学技能是实现教学目标的船和桥，在工作实践中，如果青年教师一面继续扩充理论知识，一面练习教学技能，就可以插上翅膀，实现飞跃。

多年来，人们对课堂教学还形成了一些传统认识。如“教无定法”，认为课堂教学有许多不确定的偶然因素，主要靠教师的临场发挥。所以，认为练习教学技能是小打小闹，是无意义的。

由于认识的错误，长期以来，年轻教师的成熟靠自己在教学实践中摸索或师傅的言传身教式的经验传授，故而成熟过程较慢。

教学是创造性的心智活动过程。成熟的老教师由于知识的积累和教学经验的不断丰富，他们已经熟悉了教学规律，形成了教学技巧和风格，已进入教学的“自由王国”。他们看似教学“无法”，实际上是教学方法多种多样、变化自如。

对于教学新手来说，他们确实是教学无法，他们必须有一个熟悉教学、驾驭课堂的实践过程，他们需要有一个从“无法”到“有法”再到“变法”的过程。

实践证明，利用微格教学培训教师掌握教学技能，是使教师完善教学，并使教师走向教学成熟的通达之道。

二、教学技能的分类

为了深入研究教学，给教师培训提供有利条件，就要对教学现象进行细致剖析，寻找规律。国内外微格教学工作者的实践说明：课堂教学技能可以分类，经过对单项技能的学习、培训，教师可以尽快地掌握和提高教学技能，从而提高教学能力。

1. 基本教学技能的分类

北京教育学院微格教学课题组对本市3000多名中小学教师进行调查研究，利用“任务分析法 ”和“活动分析法”进行聚类分析，归纳了8类、9项教学基本技能：引起学习动机——导入技能；传授知识和传播思想——讲解技能；培养学生能力——提问技能；教学内容直观——演示技能和板书技能；促进和塑造学生正确的学习行为和态度——强化技能；提高教学信息传递效率和减轻疲劳——变化技能；教学内容的融会贯通和保持——结束技能；答疑解难传递教学信息——语言技能。见表1所示：

表1　基本教学技能分类

教学任务	教学技能
答疑解难传递教学信息	语言技能
引起学习动机	导入技能
传授知识和传播思想	讲解技能
培养学生能力	提问技能
教学内容直观	演示和板书技能
促进和塑造学生正确的学习行为和态度	强化技能
提高教学信息传递效率和减轻疲劳	变化技能
教学内容的融会贯通和保持	结束技能

根据心理学理论，将教学技能具体描述为“是能够有效地完成某一方面教学任务的一类教师教学行为，同一类的教学行为在其行为方式和功能上有某种共性。教学技能可以通过描述、示范、模仿和训练获得”(北京市微格教学研究会编:《微格教学研究专刊》，1995 年，第 13 页)。

微格教学不但对教学技能进行分类研究，还对各项教学技能分别制定了比较规范的框架体系：明确了各项教学技能的定义、功能、结构(要素)、类型、应用要点等。这样，在教学技能培训中可对学员进行一系列行为分析和评价，增加了操作的可行性。

由于每项教学技能都有定义、功能、结构(要素)、类型、使用要点、评价标准和教案示范等，能够明确受训者的改进方向，做到定量分析与定性分析相结合，既提高了技能训练的准确度，又不会因分析过细而忽略了教学的整体性和艺术性。

如提问技能：

提问技能的定义是“教师运用提出问题，以及对学生回答的反应的方式，促进学生参与学习，了解他们的学习状态，启发思维，使学生理解和掌握知识，发展能力的一类教学行为”。

提问技能的结构是由设计、结构、措辞、焦点化、分布、停顿、反应、二次行动等要素构成。

提问技能的类型按认知水平分类可以有回忆、理解、运用、分析、综合、评价六种基本类型。

虽然教学技能所描述的教学行为还有一定的概括性，不像对操作工具技能描述得那样清晰、精准。但是，它已经使教学理论对教学行为的指导达到了操作水平，从而保证了教学技能训练的有效性。

2. 基本教学技能的特点

微格教学完成了对教学技能的分类研究，那么，这些教学技能有什么特点呢？现简述如下：

(1)教学技能是一类教学行为，不是教学片段或教学环节。心理学对技能的定义是“完成某项具体任务的动作或心智活动方式”，而微格教学定义的教学技能是对应完成某项教学任务的“一类有效教学行为”。这“一类有效教学行为”就是指“完成某项具体任务的动作或心智活动方式”，只是这类教学行为有概括性，还没有细分到更具体的教学行为层次上。

这一点从我国目前出版的有关教学技能的书籍中所介绍的教学技能结构要素可窥见一斑。如变化技能，它的结构有以下要素：语言变化、体态变化、媒体变化、教学活动变化等，它以这一系列教学行为达到提高教学效率、减轻学习疲劳的目的。

虽然这类教学行为还有概括性，但是，这一类教学行为在教学功能和方式上有某种共性，它们对变化教学技能进行了清晰的理论说明并对其模式进行了具体描述，这就突破了传统上对宏观教学活动不能建立稳定行为模式的限制，使教学技能成为看得见、可操作的训练模式。

教学技能的“一类有效教学行为”是对课堂教学任务而言。如语文教学的提问技能，它遍及课堂的导入、阅读、讨论、巩固、结束等各环节，旨在启发训练学生思维、提高学习能力。而字、词、句、段、篇各项教学内容都贯穿着回忆、确认、理解、分析、综合、运用、评价等一类认知水平的问题。

弄清这一点，在技能练习中才能像交响乐合奏中的指挥能够专门听出某种乐器的演奏一样，指导教师或教师学员能分辨出某项教学技能在课堂教学中的行为表现。

如果教师不能成功地掌握教学技能模式，问题就在于他们在现实的教学情境中不能辨别教学技能的要素和类型，头脑中对教学技能的一类行为模式是模糊的。

教学技能是“一类有效的教学行为”，说它有效，是因为这类教学行为在教育理论指导下经过聚类分析是符合教学规律的，且为广大教师经验证明是科学而有效的。教学技能不是教学理论的原则要求，它回答了为完成某一方面教学任务，教师应该做什么、怎样去做、为什么这么做和这么做的结果等问题。

如导入教学技能的结构是：引起注意、建立联系、形成期待、促进参与。依上述结构设计的导入，就能使教师在进入新课的课题内容时，运用建立问题情境的方式，引起学生注意，激发其学习兴趣，使其明确学习目标，形成学习动机，产生进一步参与学习的需要。

说“教学技能不是教学片段或教学环节”，是因为教学片段或教学环节有综合性。在实际的教学活动中，任何教学活动行为总是同时综合着若干行为类别，从不同方面表征着教师与学生同一的相互作用。说是某种教学技能行为，则意味着这种行为在该教学时刻的优势地位，它对完成某项教学任务的优势较大。如，为了教学直观则使用演示技能，为了调动学生的积极思维，则使用提问技能。如果教师说“我使用提问技能”，实际上这意味着其中也掺杂着演示、讲解、板书等行为，但是，教师的教学目的是培养学生的思维能力，所以称之为提问技能。

如，教师在教学“认识三角形”时，由尖顶房子导入。

教师：仔细观察，屋顶是什么形状的？（确认）

生：尖形的。

教师：准确地说，是什么图形？（追问）

生：三角形。

教师：我们学习过三角形的知识吗？（回忆）

生：没有。

教师：好，今天我们就来学习三角形的有关知识。

板书课题：认识三角形。

这里，教师主要运用提问技能进行教学，但是，很显然其中配合有板书等技能。

如果训练教师的提问技能，则可以看教师提问的分配（叫什么样的学生回答），提问节奏，提问题是否准确，提问的反馈质量，提问过程是否流畅、提问类型的使用，等等。就不必专门看教师写的字是否美观，板书安排是否匀称、合理等。

如果这里训练教师的板书技能，那就要看教师写字是否熟练、工整，运笔是否正确，笔画、笔顺是否合理，写字布局是否匀称等。

如果将板书和提问一起观察可以吗？可以，只要能够区分出单项教学技能的一类教学行为即可。其实，新入门的学员主要是不能辨别某项教学技能的一类教学行为，对其还有生疏之感，这是微格教学入门难点之一。

如果将提问和板书一起评价可以吗？那就要看教师学员的接受程度，如果学员接受能力强，就可以将评价的面放宽一些，如果接受能力低，则最好专门评价当前所训练的某项教学技能。这样学员注意力集中，效果好。总之，要看学员对教学技能的理解和接受的程度。

(2)基本教学技能的概括性。如前所说，经过聚类分析的若干教学基本技能还具有概括性。如教师使用提问技能，实际操作的过程中还意味着其中有可能同时掺杂着演示、讲解、板书等行为，它的操作具有整合性特点。

对教学技能分析得再细一些，比如，训练演员的演技，像“眼神”“兰花指”“台步”一类的技能，就比较精准，单纯。美国微格教学创始人阿伦最早进行微格教学的时候，就曾试图这样训练，比如，让教师随意挑选一个概念如“雪”或“杯子”练习提问、回答或讲解。后来，人们发现这种方法离课堂教学实际较远，不实用，非议较多，教师们更喜欢结合实际的教学进行训练。

于是，就出现了这种情况：凡是结合教学实践的技能训练，都必然是比较复杂的教学行为，也就是我们这里所讲的课堂教学的基本教学技能，但是，运用这些基本教学技能进行教学的时候，自然带有某些概括性和综合性的特点。

后来，在微格教学的实践中，人们发现，还有一些相对于基本教学技能更简单的教学技能行为，也是比较贴近教学实际的，是同样实用的。

如，从板演技能中分解出教师的书写技能，因为现在电脑比较普及，人们写字都用电脑，使得很多师范生从事教学活动却不能正确地书写汉字，这对他们的教学是不利的，所以，他们就需要培训板书、板画技能。

又如，课堂中的组织教学技能，人们发现它的概念就比较大，它可以再细分成观察技能、倾听技能、应变技能(即应对教学预想之外的课堂随机变化的情况)、指导口语交际和组织讨论技能等，这些分解出来的技能对教学都是实用的，而且可以单独训练，且独立成章，比较好识别、撰述。

再如，语言(指课堂教学语言)、体态、读书(指出声读)等技能，没有这些教学技能，就不具备基本的教师素质，所以我们将这些技能称作“一般教学技能”，以区别于“基本教学技能”。

由于“一般教学技能”对教师的教学行为分得更细了，它的概括性的特点就较“基本教学技能”的范围更小了，操作性更强些。

但是，在教师培训实践中，人们对于一般教学技能往往嗤之以鼻，不屑一顾，认为这都是小打小闹，好像这些一般教学技能是教师与生俱来的，天然具有的，用不着培训，所以人们更偏爱对于基本教学技能的训练和掌握。

其实，如果教师不具备这些一般教学技能，他根本就进不了课堂，他就做不成教师。

我们相信，随着教学理论的深入发展，对教学技能的研究将会更加清晰、科学、规范，更贴近教学实际。

(3)应用教学技能的多样性。任何一项教学技能都不能包打天下，任何一节课都要多种教学技能配合，才能完成教学任务。

对在职教师的技能培训实践说明，在进行任何单项教学技能的行为训练中，总是同时结合着其他教学技能的运用，它们实际上是彼此相互支撑的。如演示技能(请参看演示技能的微格教学教案)，教师在操作过程中，还要结合讲解、提问、板书技能等。说它是演示技能，实际意味着该技能在此授课阶段占有优势地位，它为解决形象、直观的教学任务做出较大贡献。

(4)教学技能构成要素的渗透性。各项教学技能的结构要素有多个侧面，它们互相包容、转换。如表 2 所示：

表 2　教学技能构成要素渗透图示

教学技能名称	教学技能结构(要素)
教学语言技能	语音、语调、语速、音量、节奏、词汇
讲解技能	探查、例证、流畅、连接、强调、反馈

续表

教学技能名称	教学技能结构(要素)
提问技能	结构、措辞、焦点化、分配、停顿、反馈
变化技能	语言、语音、教态、媒体、活动
演示技能	设计、引入、操作、指引、组织
强化技能	语言、动作、标志、接近、活动
结束技能	概括、总结、实践活动、扩展、反馈、评价、监控

如讲解技能，它的构成要素有探查、例证、流畅、连接、强调、反馈等，其中语言、反馈等要素就不只是讲解所独有的，提问技能中就包含这两项要素。提问技能中的提问题要素也是演示、讲解等教学技能中所具有的。

(5)基本教学技能使用的学科性。教学技能经过聚类分析建立了稳定的教学模式，但是，应该看到，不同的学科，不同的教学内容对某项教学技能的操作是不尽相同的。如提问技能：文科、理科使用提问的结构相同，但因为教学内容不同，提问的类型就有不同的变化和使用的灵活性。

如数学教学，根据课堂教学的进展，学生思维发生的变化，可以提出多种深浅、难易程度不同的问题类型：记忆型、推理型、分析判断型、迁移型、发散型、评价型等，这就更适合数学教学的特点。

语文教学的词语教学，可以提出确认型、解释型、深入型、引申型、应用型、分析型、评价型等问题类型，这就更适合字词教学特点。按照语文教学过程的特点设计提问，就可以有引入提问、初读提问、细读提问、精读提问、巩固提问等多种类型。

(6)教学技能行为的对象性。现代教学论指出：教学活动是“教”和“学”的双边活动，教师行为变化必然引起学生行为变化，如果只考虑教师行为，不考虑学生行为，则这种认识是错误的。

没有学生的积极学习，便没有教师的教学，“教师和学生，两者都是教学的主体”。把教学称为“教授——学习过程”，表述的就是这种关系。(钟启泉编译：《现代教学论发展》，教育科学出版社，1988 年，第 30 页)在微格教学技能培训中，必须考虑学生的学习行为，才能使教学技能训练更真实，训练质量才能切实提高。

其实，人们从教学技能的定义中就能很清楚地看到教学技能涉及的是“教”和“学”的双边关系。如，讲解教学技能的定义是：“教师用语言的方式，向学生传授知识和方法，启发思维，表达思想感情的一类教学行为。”这里学生的行为表现在掌握知识和方法，开展思维，受到熏陶和感染等方面。

那种认为微格教学只是训练教师教学行为，与学生不相关的看法是片面的。其实，在微格课堂教学中，学生的学习行为才是真正反映教师教学行为成败的一面镜子，学生的学习行为在教师的指导下同样得到了训练。

3. 教学技能的层次水平

如前文所述，根据教学技能自身的性质特点，课堂教学技能可以有一般教学技能、基本教学技能、综合教学技能、教学技巧风格四个层次水平。教学技能的掌握有一个从经验上升到教学技艺的历程。如图 1 所示：

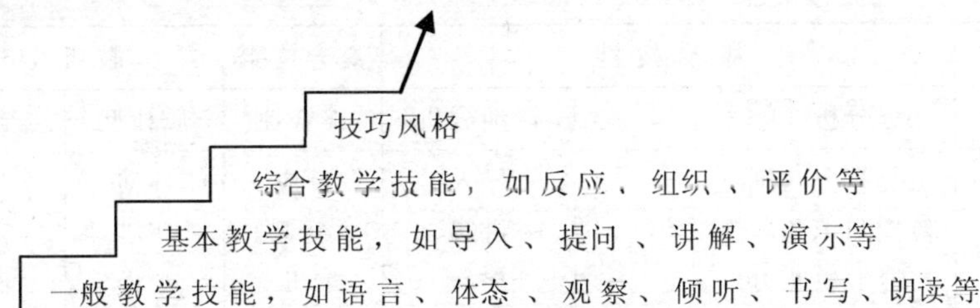

图 1　课堂教学技能不同层次分类

教师的课堂教学行为是复杂的，虽然按教学“任务分析法”和“活动分析法”相结合，北京教育学院分析出九项基本教学技能，但是，对教师的教学而言，还有更基本的教学行为，如口语、体态、书写、读书、观察、倾听、朗读等技能。在这一般教学行为技能和基本教学技能之外，还有灵活、正确地反应和有效地组织教学等更高层次的教学技能行为，这实际上是教学技能行为的综合协调阶段。

传统上为了帮助教师，教学领导上来就强调教师如何正确地反应，如何有效地组织教学。殊不知，教学新手如果没有层次较低的一般教学技能和基本教学技能为基础，他再怎样努力也做不到有效的综合和自如的协调。可谓急功近利，不会走，却要跑，那样只会事倍功半。

只有当教师掌握了层次较低的一般教学技能和基本教学技能的时候，他才能够进一步综合协调地运用多种教学技能，他的教学才能上升到更高的水平——技巧。这时，教师经过一定时间的实践探索和磨炼，才能进而形成具有自己个性特点的教学风格。

综合地运用各种基本教学技能进行教学是高水平的教学。如反应技能、鼓励创新技能、指导学习技能、思维训练技能，需要教师创造性地针对课堂教学的实际，灵活地运用各种教学技能解决遇到的问题。

又如组织教学技能，它不但需要教师事先有目的、有计划、有步骤地精心设计整个教学过程，且将其在课堂教学中有效实施，还需要教师在课堂教学中随机应变，灵活地处理，多种教学技能配合运用，才能顺利地完成教学任务，它是教师多种教学行为的综合。

当教学达到技巧、风格和艺术水平时，这“是教师本人独特的创造力和审美价值定向在教学领域中的结晶”（吴也显主编：《教学论新编》，教育科学出版社，1991 年，第 466 页）。

教学的情感性是教师具有何种教学风格的显著标志，主要分为含蓄深沉的质朴型和热情活泼的奔放型两类，见表 3 所示：

表 3　课堂教学技能分类

一般技能	基本技能		综合技能	技巧风格	
基本素质	任务分析	活动分析	综合性	质朴型	奔放型
语言	引起学习动机	导入	反应	导演	表演
体态	传授知识和思想教育	讲解	组织	庄雅	谐趣
书写	培养学生能力	提问	评价	严谨	潇洒
朗读	教学内容直观	演示板书		韵味	明畅
观察	提高效率减轻疲劳	变化		委婉	雄健
倾听	巩固知识塑造行为	强化			
	学习融会贯通和保持	结束			

三、技能训练要求具体、明确

微格教学要求受训者知道在规定时间内完成哪些具体的训练任务。北京教育学院微格教学课题组编写的《教学技能训练大纲》，对教学技能的定义、功能、结构、类型、使用原则等都有详细的要求，对此，应做到准确理解和应用。

1. 定义

定义是主题。教学技能的定义，规定了教学技能的使用目的，界定了教学技能的内涵，它既涉及教师的行为，又涉及学生的行为。那种认为微格教学的技能训练只是训练教师，不管学生的看法是一种误解。

如，提问技能的定义是：教师在课堂中运用提出问题，以及对学生回答的反应方式，了解他们的学习状态，启发思维，使学生理解和掌握知识，发展能力的一类教学行为。这里既界定了教师的行为，又界定了学生的行为，对师生双方的教和学的行为都有明确的阐述。

2. 功能

功能由主题决定，运用教学技能实现预定目的，就要考虑它应该具有的功能。

如，提问技能的功能是：定向；激发、强化学生学习积极性；启发思考发展能力和反馈矫正四项主要功能。提问技能具有这四项功能，就可以使教师“运用提出问题，以及对学生回答的反应方式”，达到“了解学生的学习状态，启发思维，使学生理解和掌握知识，发展能力”的教学目的。

3. 结构(要素)

教学技能只有分析出要素结构，才能具有可操作性。

如，提问技能的结构有：设计、措辞、焦点化、分配、节奏、反馈、探询提示等要素。提问设计可实现定向功能；措辞和焦点化可实现启发思考的功能；探询提示可实现反馈矫正的功能；措辞、分配、节奏可实现激发、强化学生学习积极性的功能。这些要素与功能对应，最终实现提问技能的使用目的。

4. 类型

课堂教学是复杂的行为，任何一种技能行为都不是单一的。所以，具有共同特征的行为可以归为一类，每一项教学技能本身还可以通过观察细分为不同的类别。这样归类，便于理解和掌握。

如，提问技能根据认知水平可以归为依从、回忆、理解、运用、分析、综合、评价等八种类型。

5. 使用要点

使用要点是指保证训练到位的教学技能的使用策略。

如，提问技能的使用，要求学员练习提问技能时，提问目的是什么，提一个什么问题，在什么时机提问，怎样提问，这个问题分配给谁，应掌握什么样的提问节奏，提问后教师怎样探询、反应，怎样评价提问质量等，都需要教师在微格教学训练中做到胸有成竹。

教师在训练前对自己课堂教学的技能行为有明确认识，知道应该怎样做、不应该怎样做，只有心中有数，才能有好的培训效果。

6. 教学技能评价项目

教学技能评价项目是指为某项技能训练结束前的反馈矫正而提供的教学

技能评价单。一般有课题、讲课教师、讲课日期、评价内容、评分标准、教学建议等项目。如，提问技能评价单(此处略，见《小学数学课堂教学提问技能操作与实践》第七章)。

7. 提供示范教案

示范教案(见本书中教案)是提供给学员参考之用，这是技能培训的起步，如果学员不能撰写微格教学的教案，他就一定上不好微格教学课。但是要避免学员拿着示范教案原封不动地上课。

四、强调“临床实践”，亲身体验教学

微格教学要求教师以教学理论为指导，进行真实的课堂模拟，教师身临其境，能够切实掌握各种教学技能技巧。

微格教学成功的关键是：实践和练习。微格教学的情境是：教师在真实的课堂教学中，在摄像镜头下培训教学技能，提高教学能力。

微格教学要求教师在教学训练过程中，既要知道自己使用的是什么技能，什么技巧，它的结构及类型，还要着重考虑学生的行为是否符合预想结果，以及如何矫正学生的不良行为。这样亲身体验教学，虽然不像开车、跳水那种训练，但也称得上是名副其实的技能训练了。

如，一位年轻教师讲两步应用题，教师基本上是按照教材的顺序讲下来的。课后练习过程中，竟发现有相当一部分学生不会做题。这位教师和指导教师一起分析课堂录像，发现教师讲课时只顾背教案，根本不管学生，而且教师不能运用变化技能强调重要的教学信息，所以教学效果不好。

经过研究改进，该教师不但要求自己熟悉教案，而且注意运用教学语言强调教学重点，用手势帮助学生理解线段图。经过改进后再上课，课后安排学生做练习时，学生做题的正确率达到百分之百，教学效果较好。

这位教师高兴地说：“利用微格教学进行‘临床实践’的体验教学确实有效!”

经验证明，教师选择教学技能训练，最好挑选还没有讲过的课，而且是教学重点或教学难点，用这些内容进行尝试教学，训练更有的放矢，针对性更强，能起到立竿见影的效果。这样做不但有利于提高教师教学水平，而且还能提高教师利用微格教学培训教学技能的兴趣。

五、反馈真实，矫正迅速

由于采用现代化技术手段对课堂教学真实记录，不是凭感觉记忆评价教学，评价材料客观统一，学员和指导教师意见容易统一。这样做，人为成分少了，科学性强了，评价公允客观了，学员就容易心服口服。由于反馈评价迅速、真实、可靠，质量高，学员矫正自己教学行为的目标明确，就能看到自己的长处，及时改正自己的不足，扬长避短，取得教学技能训练的好成绩。

如，一位低年级教师讲解 9 加 1 进位的道理，她先在黑板上画上数位表，然后左手拿 9 根小棒说："我现在左手拿 9 根小棒，再加上 1 根小棒是几根小棒？"学生说："是 10 根小棒。"教师说："对！是 10 根小棒。10 根小棒为 1 捆，是 10，是 1 个 10，所以十位写 1 表示 1 个 10"。讲完，教师在黑板数位表十位写上 1，个位写上 0。待到做练习时，学生的表现不一，有的把 10 写错了位，将10 写成 100。

这样讲课，教师的语言本身没有什么错，问题出在教师传递给学生的信息平淡、不鲜明，而且是注入式，没有发挥学生的探索精神，所以教学效果差。

微格课后利用录像进行反馈评价，指导教师与学员共同分析、讨论，对此课提出了改进意见。

修改教案后，学员再一次上微格课。这时，教师先让学生进行小组讨论，让学生尝试说结果，在学生通过实践活动具有感性认识之后，教师再进行讲解：

教师左手拿 9 根小棒说："我现在左手拿 9 根小棒"，说着，教师举左手晃两晃，表示强调，同时在黑板上写 9。

教师再说："再加上 1 根小棒是几根小棒？"说着，右手举起一根小棒，晃两晃，同时在黑板上写 1。

教师说："9 根小棒，再加上 1 根小棒是几根小棒？"学生说："是 10 根小棒。"

教师说："对！是 10 根小棒。"说着，将两手小棒合并在一起，举过头顶，表示强调。

教师继续说："10 根小棒为 1 捆，是10，是 1 个 10。"同时又将 1 捆小棒晃了晃。

教师说："所以十位写几？写 1，表示 1 个 10，个位写几？个位上没有数，怎么办?”教师发动学生讨论、尝试，最后一致认为十位写上1，个位写上0。

教师边与学生讨论边写，在黑板数位表十位写上1，个位写上0。师生合作写好加法算式，填好数位表后，教师问学生：“谁还不明白?”学生异口同声地说：“明白了!”

第二次讲解，教师传递给学生的信息是立体的、鲜明的、生动的，而且发挥了学生的主动探索精神，教学方法是先进的。

又如，某教师讲摩擦力，事先用教具设计了小球在“U”形轨道上滚动的摩擦力实验，学生一看自明，教师很满意。课后讲评，指导教师启发：能否让学生自己设计实验，发挥主动性呢？教师觉得有理，第二次上课，教师让学生通过预习，了解课文内容之后，自己设计实验，有的学生摆脱了让小球在轨道上滚动的模式，竟将小球悬空观察摩擦力，教师在课后说：“学生通过动脑筋，发挥了主动性，实现了探索学习，他们的想法比老师更高明。”

两节微格课教例说明，由于有人指导，大家群策群力，第二次上课的效果一般都优于第一次，这对培养教师学员的教学能力和积累教学经验十分有益。

六、机动灵活，便于实践

微格教学的实质在于“格”，奥妙在于“微”。它的“格”表现在对培训教师应掌握的教学技能要求明确、具体，一招一式都规范化；它的“微”表现在微格教学小型化，灵活适用。

尤其是对在职教师培训，可以见缝插针，利用教师课后的间隙进行培训，它不影响正常授课秩序，教师边教学边培训，学中有用，又在用中提高。

通过微格教学实践，可以概括出微格教学具有小、快、灵的特点。校长欢迎这种教学形式，教师也喜欢它。

小，是小巧玲珑。指的是微格教学课型小，组织规模小，教学活动占时少。

快，是速度快。指的是对教学技能培训快，每项教学技能练习十几分钟，实行快速反馈矫正，培训效率高。

灵，是实用、有效果。指的是微格教学培训实行大小课堂结合，不是指望受训教师的口头说教，而是“真枪真刀”地实际操作，教师的教学能力能够切实得到提高，利用微格教学培训，教师掌握教学技能效果好。

教师的教学能力难道真的这样容易提高吗？微格教学的实践证明，凡是开展过微格教学的学校，只要认真地、踏实地训练，教师本人又善于学习，就一定会有好成绩。

七、个别教学代替了班级教学

微格教学培训教师掌握教学技能，它主要是以“指导教师——学员”的方式实施训练，它的课堂规模比较小，但它却是在真实的课堂里进行课堂教学的模拟活动，对接受培训的教师进行现场教学指导，受益者既有角色扮演者的教师，也有参与微格教学的学生。

演练课(又称角色扮演课或尝试教学课)是微格教学的主要培训方式，它不同于普通的传授式的听讲座，这对开展教师培训是一大改进，这种有的放矢的培训方式，真正做到了师生互动、因材施教。

还应该看到，这种个别教学虽然成功，但由于条件限制，还避免不了群体教学的“大锅饭”形式，组织者必须根据当地学校的学习条件、学员水平，尽可能地开展小型教学，让每个学员都在微格教学课堂上得到锻炼。

只有科学地组织微格教学，才能使大家都受益，得到共同提高。比如，能力强的学员可适当少练，较难掌握的复杂的教学技能可以重点练，易掌握的教学技能则可以少安排些练习，还可以采取互教互学、互相评价、组织技能演练竞赛等多种形式开展微格教学。

第二章　指导探究技能的定义

一、指导探究技能的定义

指导探究技能是指教师指导学生通过问题、猜想、实验、验证、结论等系列活动，开展探索性学习，掌握知识、技能和策略，提高学习能力的一类教学行为。

现代创造学理论告诉我们：人人都有创新的潜能，这种潜能是可以开发和培养的，探究学习就是培养学生自主性创新能力的重要途径之一，通过探究性学习可以使学生的潜能得以开发，创新能力得以提高。随着知识经济时代的到来，全社会对人才培养模式提出了全新要求，培养学生的创新精神和实践能力越来越被教育者所重视。

“探究学习”是相对于传统的接受性学习而提出的一种新的学习方式，它在教学过程中以问题为载体，创设一种类似科学探究的情境和途径，让学生通过自己收集、分析和处理信息来主动建构新知，进而了解社会、学会学习，培养分析问题、解决问题的能力和创造能力。“探”是试图发现隐藏的事物或情况，“究”是推求答案。简而言之，“探究”就是探索研究。探究学习是一种在好奇心驱使下的、以问题为导向的、学生有高度智力投入、内容和形式都十分丰富的学习活动。

探究学习既是一种学习方式，又是一种学习观。作为学习观，探究学习是建立在现代学习理论基础上的科学学习观，它反对被动地接受、继承、记忆知识，主张学生主动地理解、应用、探索、创新知识，认为学生的学习过程就是创造性地解决问题的过程。

20世纪初，美国教育家杜威从实用主义立场出发，使探究教学得到了空前的发展。他在《我们怎样思维》一书中提出，探究的本质就是一种反省思维。他还提出了科学教育类似于科学家探究发现科学真理的过程的主张，认为教学活动要培养学生具有探究的能力和习惯，并设计了“智慧五步法”的探究发现式教学法。他认为科学教育不仅仅是要让学生学习大量知识，更重要的是要学习科学研究的过程或方法，并强调“做中学”，通过“在做中思维”培养学生主动探索、勇于创新的精神，提高学生解决实际问题的能力。

探究式教学法，又称为引导探究教学法或探索性教学法，是20世纪中期由美国芝加哥大学教授施瓦布提出的，其核心是培养学生的创新思维。它的基本思想是：在教师的指导下，学生运用探究的方法进行学习，主动获取知识发展能力。施瓦布认为教师应该用探究的方式展现科学知识，学生应该用探究的方式学习科学内容。他提出了探究式教学过程：①提出或明确要解决的问题；②收集适合问题解决的资料；③提出假设；④验证假设；⑤得出结论。施瓦布还从教学方法和内容两个维度建构探究教学理论，探究扩大到课程领域，这不仅推动了探究教学研究的发展，同时对世界性的课程改革运动也产生了极大的影响。

美国教育家萨奇曼提出探究方法的训练首先必须培养学生的探究能力，让学生从自然中自然地发现关系规则等。他认为探究重在过程和方法的训练，要使学生明白一切知识都是尝试性的，如果想教给学生发现具有某种意义的范型和规则，就必须教给他们积极地、有计划地、有目的地树立假设的方法、验证的方法、解释结果的方法。

真正使发现法形成理论并风靡全球的，当属美国心理学家、教学论专家布鲁纳。布鲁纳认为，发现法的实质是要求在教师的启发引导下，让学生按照自己观察和思考事物的特殊方式去认知事物，理解学科的基本结构；或者让学生借助教材或教师所提供的有关材料去亲自探索或“发现”应得出的结论或规律性知识，并发展他们“发现学习”的能力。在他看来，发现包括用自己的头脑亲自获取知识的一切方式，诸如学生对未知世界的探索以及学生对人类已知而自己尚未知道的事物与规律的再发现。但是，发现学习中的再发现与科学上的原发现是有差别的，其区别仅仅是在程度上而不在性质上，因为它们本质上都是一种顿悟、领悟，布鲁纳常称之为直觉。布鲁纳曾指出发现法有四大好处：一是能提高学生的智慧，发挥学生的潜力；二是能使学生产生学习的内在动机，增强自信心；三是能使学生学会发现的试探方法，培养学生提出问题、解决问题的能力和创造发明的态度；四是由于学生自己把知识系统化、结构化，所以能更好地理解和巩固学习的内容，并能更好地运用它。在布鲁纳之后，发现教学法在世界范围内得到了广泛的运用。

明确把“探究学习”作为一种重要教学方式，则是在20世纪五六十年代，其首倡者是美国教授施瓦布。1961年，他在哈佛大学的一次演讲中，提出了“作为探究的科学教学”的观念，认为传统的课程对科学进行了静态的、结论式的描述，这恰恰掩盖了科学知识是试探性的、不断发展的真相，极力主张要积极地引导学生像科学家那样对世界进行探究。在施瓦布等人的推动下，探究教学在英美等国得到了蓬勃的发展，先后涌现出几种著名的探究教学模式，如：萨其曼的探究训练模式、施瓦布的生物科学探究模式、马希尔斯和考克斯的社会探究模式，以及罗杰·贝尔的5E教学模式等。

近年来，人们在课堂教学实践中普遍认为，探究学习过程是充满观察、实验、猜想、验证、推理、交流的丰富多彩的、富有个性和多样化需求的学习过程。教师要鼓励、帮助学生自己探索问题、自己解决问题、寻找答案，逐步掌握探索问题的方法，从而获取新知。

二、数学教学中的指导探究技能

探究学习是《义务教育数学课程标准》所提倡的新的教学理念，是科学学习的重要方式，同时又是课程标准规定的一项重要的培养目标。这种学习方式具有探究性、创新性、主体性、交互性、开放性、过程性、综合性及社会性等特征。它强调主动探究、自主学习、解决问题，是当代数学教学特别提倡的学习理念、策略和方法。

2001年国家教育部颁布的《基础教育课程改革纲要(试行)》，明确提出："改变课程实施过于强调死记硬背、机械训练的现状，倡导学生主动参与、乐于探究、勤于动手，培养学生搜集和处理信息的能力、获取新知识的能力、分析和解决问题的能力，以及交流与合作的能力。"

教育部颁发《全日制义务教育数学课程标准(实验稿)》(2001年)提到："有效的数学学习活动不能单纯地依赖模仿与记忆，动手实践、自主探索和合作交流是学生学习数学的重要方式。"

《义务教育数学课程标准》(2011年版)强调："数学教学应根据具体的教学内容，注意使学生在获得间接经验的同时也能够有机会获得直接经验，即从学生实际出发，创设有助于学生自主学习的问题情境，引导学生通过实践、思考、探索、交流等，获得数学的基础知识、基本技能、基本思想、基本活动经验，促使学生主动地、富有个性地学习，不断提高发现问题和提出问题的能力、分析问题和解决问题的能力。"它指出："认真听讲、积极思考、动手实践、自主探索与合作交流等都是学习数学的重要方式"，"教师要引导学生独立思考、主动探索、合作交流，使学生理解和掌握基本的数学知识与技能、体会和运用数学思想和方法，获得基本的数学活动经验"。

在数学教学中，探究式教学就是以探究为主的教学。它是指在教师的启发诱导下，以学生独立自主学习和合作讨论为前提，充分调动、发挥学生的主体性，以现行教材为基本探究内容，以学生周围世界和生活实际为参照对象，为学生提供充分自由地表达、质疑、探究、讨论问题的机会，让学生通过个人、小组、集体等开展多种解难释疑尝试活动，在观察、操作、讨论、交流、猜测、分析和归纳过程中，理解数学问题的提出，数学概念的形成和数学结论的获得，以及数学知识的应用，将自己所学知识应用于解决实际问题，从而培养学生的探究意识、创新精神和实践能力的一种教学活动方式。

理想的数学探究式教学能够让学生在获取数学知识的基础上，提高猜想发现、抽象概括、化归转化、推理论证的数学思维能力，培养学生观察、分析、综合、比较、类比的数学思想方法，使学生的思维品质具有广阔性、深刻性、灵活性、敏捷性、批评性和独创性等特征。

在指导学生探究学习的过程中，教师的地位应该改变，要由权威型改变为组织型、引导型、合作型，为学生的发展提供良好的环境和条件。要由单纯地传授知识转变为促进学生发展和学习能力的提高。教师应为学生提供现实而有力的学习背景，营造氛围、指导学法，鼓励学生猜想、发现问题，探索、寻找、搜集、整理数据，主动推理、验证，学生应学会合理利用学习资源，在教师的帮助下，通过观察、模仿、实验、猜想等方式解决问题。

总之，探究性学习是以学生的探究为基本特征的一种教学活动形式，学生的学习方式从“接受性学习”向“探究性学习”转化，可以使学生从知识的“被动接受者”变为“主动获取者”，提高学生学习数学的兴趣。它能充分调动学生参与学习活动的积极性，发挥学生自主探究的能动性，提高学生提出问题、分析问题和解决问题的能力，使学生的主体作用得到充分体现，使学生学会学习和掌握科学方法。更重要的是，探究学习可以使学生养成积极主动地学习的好习惯，培养学生的创新意识和科学素养，为学生的终身学习和发展奠定基础。

第三章　指导探究技能的功能

一、发挥学生学习的主动性、积极性

爱迪生曾经说过："凡是新的不平常的东西都能在想象中引起一种乐趣，因为这种东西是使心灵感到一种愉快的惊奇，满足他的好奇心，使之得到他原来不曾有过的一种观念。"

在数学课堂教学中，教师引导学生探究学习，可以使学生产生奇妙感、好奇心，这种心理在学习的过程中会自然地转化为强烈的兴趣和求知欲望，这是学生学习的内动力，也是教师实现指导学生主动感知、选择策略和方法、形成解题思想的前提条件。

例如：教师在执教"植树问题"教学内容时，进行如下教学：

教师播放植树画面，学生怀着好奇心观看。

教师：看！这植树场面多壮观啊！仔细观察细揣摩，你能从中得到哪些数学信息？

学生抢着回答：可以看出这是植树问题；可以计算植树棵数、植树的距离……

教师：生活中处处有数学问题。大家说得好！了不起！你们真是小数学家！谁能提出一个关于植树的问题呢？

生1：如果在一定长的距离植树(假如是15米的小路)，请问：有多少种种法呢？

生2：我补充，如果在15米长的小路上植树，有多少种种法呢？

教师：好！请大家在小组中探讨这道题。

学生在小组中开始讨论、探究，俨然是小小的园林规划家。

上述教学，教师并不是直接给出数学题目，而是出示生活情景，激发了学生的探究兴趣，充分调动了学生的积极性，引发了学生的数学思考。教师为学生提供足够的时间和空间，使学生经历观察、探究的思维过程，愉快地进入探索的学习活动中。

二、将注入式教学转变为探索式、发现式教学

探究式教学强调学生解决问题是一个探索的过程，不是一个简单地用现成的模式解决特定问题的过程。教师给学生创设问题情境，可以使学生在探索中思考实际问题中的各种数量关系。

例如：学习统计知识，教师布置学生调查本班学生喜欢的体育运动，并要求学生完成书上的统计图作业。没想到，学生在完成统计图时遇到了新的问题：喜欢游泳的人太多，而书上的统计图用一个格子表示2个单位也只到20人，这时大家犯愁了，该怎么办呢？

忽然，李冬得意地说："那还不容易，再往上加格子，涂2格半就可以了。"这时，刘畅提出了反对意见："这个办法不行，上面已经没有地方了，不能加格子。"

教师引导："那有没有更好的办法呢？"

大家开始思索……

"我知道了，既然可以用一个格子表示2个单位，我也可以用一个格子表示3个单位。"陈丹站起来说。

又一个同学接着站起来说："我觉得也可以用一个格子表示4个单位。"

刁力飞急得跳起来："不好，不好。"

"为什么不好呢？"教师问他。

刁力飞说："喜欢跑步的有5个人怎么涂呀？"

这时，薛浩璞同学站起来慢条斯理地说："我觉得最好用一个格子表示5个人，因为这些数都是五个五个的，如喜欢跑步的有5人，是一个5；喜欢跳绳的有10人，是两个5；喜欢游泳的有25人，是五个5。用一格表示5个很容易、很方便。"

大家都点头表示赞成。

教师肯定了学生的想法，然后顺势引导说："请大家想一想，在制作统计图时怎样确定一个格子表示几呢？"

学生们开始讨论，不一会儿，很多人举起了小手。大家热烈地发表意见：

"我觉得跟统计的个数有关，如果不是很多，就用一个格子表示一个数。"

"我想要先观察统计的个数的特点，再确定一个格子表示几个数。"

"对！我觉得还应该观察最大的数和最小的数，来确定格子表示的数量。"

"是的，我赞成这个想法。我想，要确定一个格子表示几个数，应该先观

察数的特点和统计数量的多少，还要想到涂的时候怎样比较方便。”

“你们想得真好，你们愿意自己设计一个统计图吗？请你们从下面的几个统计表中选择一个，和小伙伴一起来设计一个统计图。”教师趁机布置了下一个环节要学习的内容。

课后，教师回忆说：“学生在学习中表现出的创造力与思维能力，让我为之惊讶和感动。在数学学习中，孩子们会遇到各种各样的问题，老师不应该为学生扫清他们学习中的‘障碍’，而是要创设情境，引导学生自己发现问题，使他们学会思考，进而找到解决问题的方法。这样学习，他们才能有兴趣，才能享受到学习的快乐！”

教师在教学中要创造条件，时时注意为孩子提供思考的机会。当学生遇到困难时，教师要有意识地少说，将思考的机会留给学生，让学生多发言、多交流。实践证明，在教师的引导下，学生可以通过自己的努力解决数学问题。

三、使教师成为学生的合作者、指导者

学生是学习的主人，要让学生经历知识产生的过程，经历观察、实验、猜测、计算、推理、验证等学习活动，教师就要将传授式教学转变为启发式教学，教师的角色就要随之转变为学生学习的参与者和合作者。在课堂教学中，教师起到的是抛砖引玉、推波助澜、指导学生学习的角色。

例如，“三角形边的关系”的教学，在明确了三角形的概念后，老师进行了如下教学：

师：三角形是由三条线段围成的封闭图形，老师手里只有一条长 16 厘米的纸条，怎么能围成一个三角形呢？

生：可以剪成三段，然后围成一个三角形。

师：好，大家试试看。

紧接着学生动手操作，教师巡视观察。（有的能围成三角形，有的却围不成）

学生交流操作情况……

依据学生的汇报，老师抓住学生学习活动中遇到的问题，推波助澜地提问：同学们都是将 16 厘米长的纸条剪成了三段，为什么有的能围成一个封闭的三角形，有的不能呢？

最后，学生通过交流，得出结论：要用三条线段组成三角形，必须符合

一定的条件……

上例教学，教师设计了一个探究活动，引导学生动手操作，通过实验、观察、讨论等，探索出三角形三条边的关系。

四、面向全体学生，使每个学生都得到发展

当代数学课程提倡数学教学应致力于实现义务教育阶段的培养目标，要面向全体学生，适应学生个性发展的需要，使得每个学生都能获得良好的数学教育，不同的学生在数学学习中应得到不同的发展。

教师运用指导探究教学技能可以充分地调动学生学习数学的积极性，使每个学生都能得到发展。

下面摘录几位不同学习层次的学生对数学课探究学习的体会，管中窥豹，学生对探究学习的喜爱可见一斑。

学生故事1

我喜欢数学课

四年级　王××

我特别喜欢数学课，还有每天上数学课时，只要听到楼道有高跟鞋的声音，我就知道一定是数学老师来了。数学老师李老师每次让我们做题之前，都会先让我们自己探究一番，这样讲着讲着，我们就会掌握得八九不离十。每当我们做题出错的时候，她都会很耐心地引导我们，让我们自己细心查找错因。我们都相信，在我们敬爱的李老师的带领下，我们班会取得更好的成绩。

我知道我的数学成绩都是八十几分，但是李老师写给我的评语说我是一个努力学习、积极动脑筋回答问题的好孩子。

所以我在数学课上，都会很认真地去探究思考，我相信只要努力了，就会有所收获的。

我喜欢你——数学课。

解读：由故事看出，这位同学的数学成绩是中上水平，可是他却特别喜欢数学课。为什么呢？正如他自己所说："数学老师李老师每次让我们做题之前，都会先让我们自己探究一番，这样讲着讲着，我们就会掌握得八九不离十。每当我们做题出错的时候，她都会很耐心地引导我们，让我们自己细心查找错因。"而且，这位同学坚信自己"认真地去探究思考就会有所收获"。这

位同学的探究精神值得点赞！

学生故事 2

探究有乐趣 解题增效率

六年级　孙××

升入六年级之后，数学知识难度加深了，尤其是解答各种类型的分数应用题更是让人头疼。不过我们有幸遇到了教学经验丰富的包老师，她讲的数学课生动有趣，还教给我们许多解题方法和技能。

包老师告诉我们解答分数应用题的关键是根据分率句，分析题目中的数量关系，但用语言分析比较抽象，不易理解。如果边分析边画线段图，并在图上标注条件问题，对应关系便一目了然，解答问题自然水到渠成。为了让我们掌握这一技能，包老师指导我们操作，由示范到模仿，画图后还让我们互相讲解，对画图中有困难的学生她会给予耐心的指导。掌握了一定的画图技巧后，她放手让我们自己去探究，并加以适当的点拨。

经过一段时间的训练，我们已经熟练掌握了这一本领。现在一遇到难题，我们都会自觉、主动地运用线段图实行探究学习，自行寻找对应关系，从而找到解答方法。在解题过程中我们深刻体会到线段图解题形象、直观、方便、易理解的优点，这大大提高了我们的学习效率，使我们领略到了数学探究学习的乐趣，对数学产生了浓厚的兴趣。

解读：这位同学的故事题目就很有特色："探究有乐趣　解题增效率"。由于他掌握了解题技能，并运用解题技能实行探究学习，使得他"领略到了数学探究学习的乐趣"，并且"对数学产生了浓厚的兴趣"，看来，学生们真的是喜欢数学课的探究学习啊！

学生故事 3

这次终于明白了

六年级　扈　×

今天上数学课，我们接着学习分数除法。看到黑板上的算式，我的眼睛一亮：$150\div\frac{3}{4}$，$\frac{3}{25}\div\frac{2}{5}$，是分数除法，太好了。有人可能会问：见到俩算式你兴奋什么啊？你不知道，自从暑假在课外班学习过分数计算后，我一直有个疑问：为什么除以一个数就要乘以这个数的倒数呢？我问了好几个同学，他们也说不出原因。这个问题一直困扰着我，今天我一定好好听，把这个问题弄明白。

老师让我们结合画出的分数示意图进行研究。"把一小时装的水果平均分成四份，三份是 150 千克……”我边看图边念叨着，“三份是 150 千克，那先求一份再乘 4 不就是一小时的吗?”我快速地写好算式。班中交流方法时我代表我们小组发言，之后，我认真听其他同学发言，有的用 $150\times\frac{1}{3}\times4$，有的用 $150\times\frac{4}{3}$。最后，老师让我们观察黑板上的算式有什么联系，$150\times\frac{1}{3}$和我列 $150\div3$ 意思是相同的，$150\times\frac{1}{3}\times4$ 中的$\frac{1}{3}\times4$ 不就是 $150\times\frac{4}{3}$中的$\frac{4}{3}$吗?原来两个算式都表示把 150 平均分成 3 份后取其中的 4 份，只是书写形式不一样。原来是这样，小小的算式里面藏着这么多东西呢!

解读：看得出这是一位善于动脑筋、勤于动脑筋的小学生，他对数学的探究劲头不仅表现在课内，而且表现在课外，甚至于一个数学问题闹不清，他恨不得整天都在思考着这个问题。他已经形成了探究数学问题的好习惯。相信随着年龄的增长，这位同学一定会有更丰厚的数学探究成果!

学生故事 4

“双重身份”

六年级　高××

“多重身份”?谁的“多重身份”?别着急，听我慢慢说。

上课伊始，王老师拿出一张纸条对折了一次，又均分成三份，把其中一份涂上了红色，然后问我们，谁能用分数表示红色部分。一个同学说是三分之一，一个同学说是六分之一，没想到王老师说这两个同学说的都对。都对?怎么可能呢，我心里想。王老师请两个同学解释，原来红色部分是整张纸条的六分之一，红色部分是纸条一半的三分之一。瞧，小纸片是不是有双重身份?

接着我们又用纸条研究$\frac{3}{5}\times\frac{1}{6}$。我先用阴影表示出纸条(也就是草坪)的五分之三，再把阴影竖着等分成了六份，六分之一当然就是一份了，我把其中的一份画上了不同的阴影。这画双阴影的部分是纸条的几分之几呢?我把下面的白格也等分，这回格一样大了，那双阴影不就是纸条的三十分之三，如果把三个格看作一大份，就是十分之一了!瞧，这小纸片不又是一个双重身份?

准确地说，同样一张小纸条，因为不同的单位 1 有了多重身份，真是太神奇了!

解读：看似小小的纸片，却培养着学生发现问题、解决问题的能力，实现着培养学生探究问题的研究意识。这位同学的故事说明，只要教师放手，学生从要我学转变为我要学，就能激发学生探究学习的愿望和兴趣。

从以上几个学生的小故事中，我们就可以想见不同的学生在探究学习的情境中都能有不同的学习情趣，都能有不同的个性发挥，都能有不同的探究体验和收获。

第四章　指导探究技能要素

指导探究技能的要素包括：创设情境、提供支架、启发思维、提供实践平台和反思监控等几个要素。

一、创设情境、启迪意识

实施探究式教学必须注重创设探究学习情境。上课之始，教师要根据教学目标和教学内容有目的地创设探究学习情境，引导学生从观察知识信息开始，体验探究过程。教师首先要启迪学生的探究意识，激发起学生探究数学问题的欲望，运用“仔细观察细揣摩”的思维策略，思考如何从数学现象中发现必然的数学规律，形成学习数学的内驱力。学生在探究数学问题过程中，可以充分展现自己的数学智慧，体验数学知识中渗透的数学思想。学生从探究实践中，可以逐步掌握探究技巧、培养兴趣，久而久之，必能养成探究学习的好习惯。

根据数学教学内容的特点，探究情境可有多样性，如游戏的、表演的、故事的、问题的、录音的、录像的等，教师创设的学习情境必须具有严密的数学逻辑性，并且新颖、有趣，要将学生的注意力引向思考的目标。总之，要激起学生的联想、想象和推理，打开学生自主探索、提出问题的思路。

如，学习“三角形的分类”一课，一位教师出示下图：

师：图中有五个三角形，它们各露出了一个角，你能猜出它们各是什么三角形吗？

生1：露出的是什么角就是什么三角形。露出直角的就是直角三角形。露出钝角的就是钝角三角形。

生2顺口接着说：只露出一个锐角，它一定是锐角三角形！

师：肯定吗？（大家陷入沉思）

生齐声：肯定！

这时教师将只露出锐角的三角形展示出来，结果呈现出一个直角三角形和一个钝角三角形。这时再也没有同学喊锐角三角形了。

生：哇！（大家看明白了）原来如此！

教师：通过刚才的活动，你能得到什么认识？

生：仔细观察细揣摩，不能只见冰山一角就下结论。

教师：说得不错，观察事物必须“仔细观察细揣摩”，不能急于下结论。你们还有什么探索性的见解？

生3：三角形有多少种形状啊？我们可以探究三角形的分类。

师：说得好！今天我们就来一起研究……

在猜一猜活动中，同学们学会了观察，学会了思考，有趣的数学知识在孩子们积极主动的探索中显得更有味道。

再例如：教学“小数的性质”，老师创设的问题情境如下：

师：请同学们在5、50、500的后面添加单位名称，使三个数能用等号连接。

这三个数的差距太大了，怎么还能用等号连接？带着疑问，大家悄然地进入思考、探索状态。

生1：5分米＝50厘米＝500毫米。

生2：5米＝50分米＝500厘米。

生3：5元＝50角＝500分。

教师：这几位同学写得不错，联想想象细推敲，你能提出数学问题吗？（学生讨论）

生4：能不能在等式不变的前提下，将单位名称改为一样的？（这是富有挑战性的问题，将思维推向高潮）

教师：这个问题提得好！请大家发表见解。

生5：我能，0.5元＝0.50元＝0.500元

生6：我也能，0.5米＝0.50米＝0.500米

教师：你们还能提出更深层次的思考问题吗？（学生讨论）

学生不语。

生7：我提问题，请大家思考，如果去掉单位名称，等式还成立吗？（提出高难度问题）

学生议论纷纷……

教师：这个问题提得怎么样？请以小组为单位讨论。（教师不下结论，不

当仲裁员，而是搭台子，让学生唱戏，让学生通过交流、思考，自行探讨解决问题）

师生互动，提出一个个极具挑战性的问题，使得学生的大脑高速运转，大家的思维立刻活跃起来了。他们在饶有兴趣的讨论中，探究了“小数末尾添上0或去掉0，小数的大小不变”的性质。这样教学，使得枯燥无味的数学概念在学生们的心中变得有滋有味，学起来兴趣盎然。

古人云：“学起于思，思起于疑。”学生积极的探究学习都是从“生疑”开始的。平庸的教师奉送真理，优秀的教师则教学生发现真理。爱因斯坦说：“提出一个问题往往比解决一个问题更重要。”教师创设情境，引导学生探索数学问题，这对于培养创新型人才是非常重要的。

再如“百分数的意义”一课的教学导入：

A教师的教学

师：（出示：某小学六年级的100名学生中有三好学生17人，五年级的200名学生中有三好学生30人）请分别算出两个年级的三好学生各占本年级学生人数的几分之几？

（教师根据学生的反馈，进行板书17/100，30/200）

师：直接比较哪个年级三好学生人数所占的比率大，容易吗？为什么？

生：不容易，因为分母不同。

师：为了便于统计和比较，通常用分母是100的分数表示。（揭示课题）

B教师的教学

师：（出示：投圈比赛情况，小红投中16个，小明投中13个，小芳投中7个）你觉得谁投圈比较准？为什么？

多数学生一开始认为小红投圈比较准，因为她投中的个数最多。但小部分同学觉得不知道投圈总数无法判断谁投得更准。

师：有没有更好的方法？

学生议论：画图，列表……

教师这时呈现下表

学生	投中个数	投圈次数
小红	16	25
小明	13	20
小芳	7	10

师：现在可以比较了吗？

在师生的互动对话中，学生体悟到要比较三人谁投得更准，实际上就是比较投中个数占投圈总个数的几分之几（即投中的比率）。从而得出以下分数：

16/25、13/20、7/10。

生：这样还不能一眼看出谁投圈比较准，应该通分，化成分母是 100 的分数。

师：（根据学生汇报，分别板书 64/100、65/100、70/100），你觉得把分数化成分母是 100 的分数有什么好处？（学生觉得是便于比较）

师：是的，正是因为百分数容易比较，所以在现实生活中就产生了百分数。（板书课题）

在学习百分数的意义之前，学生已经学习了分数，知道了用“比”来表示两个数的关系，那么既然已经学了分数，学了比，为什么还要让学生来学习百分数呢？

原来，百分数的价值就在于便于比较！为了实现这一教学目标，两位老师采取了不同的教法：概念引入是由教师告诉，还是让学生经历？

A 教师的教学，教师虽然也重视了百分数的引入，通过让学生发现两个分母不同的分数比较起来不容易，告诉学生需要用百分数，但是在引导学生思维方面显得太单薄，并且这种直接“告诉”式的教学，令学生对百分数的价值感悟不深。

B 教师的教学，教师创设了投圈比赛的学习情境，以谁投圈比较准为问题核心，在情境中引导学生思考，学生在否定了知识结构中已有的各种比较方案后，无形中“逼迫”着自己去思考、创造出更趋完美的比较方案，实际教学中，百分比也就在这样特定的背景下应运而出了。这样，让学生充分经历了百分数产生的过程，充分体会到了百分数的价值所在。

在这一环节，教师创设情境要注意：①所创设的问题情境要有前瞻性，要让学生有新的思维碰撞，要让学生产生探究的欲望；②提出需要学生探究的问题要清晰明了；③要激发学生研究的欲望，营造出研究的氛围；④教师要重视学生问题意识的培养。

刚开始时学生不能独立地发现并提出问题，教师可以帮助学生提出问题，经过一段时间的训练后，可放手让学生独立发现并提出需要探究的问题，逐步培养学生发现并提出问题的能力。

二、提供支架、启发探究

探究问题确定之后，教师不能越俎代庖，如果依旧靠自己的讲解传授知识和方法，这还是填鸭式教学。教师依然要启发学生的学习思路，引导学生探索解决问题的方法、途径，指导学生遵循正确思路寻求答案。

在课堂教学中，精心设计切合启发学生探究需求的“学习支架”能大大提高课堂教学的实效性。“支架式”教学来自于建构主义理论，具有比较成熟的教学模式。“学习支架”教学有情境式、导学式、媒体式、问题式、应用式和评价式等多种形式。

如，一位教师在揭示“三角形具有稳定性”时，创设了“情境式”支架：

教师将一把快散架的椅子摆在学生面前，教师说：这把椅子摇晃了，怎么办？

生：需要加固一下。找木条，用钉子加固。

教师：首先要考虑什么问题？

生：怎样加固，木条钉在哪里比较合适呢？

教师：请发表见解。

围绕着问题，学生们激烈地讨论着：

有的说将木条斜着钉，有的说将木条竖着钉，有的说将木条横着钉……

大家提出的解决方案见下图：

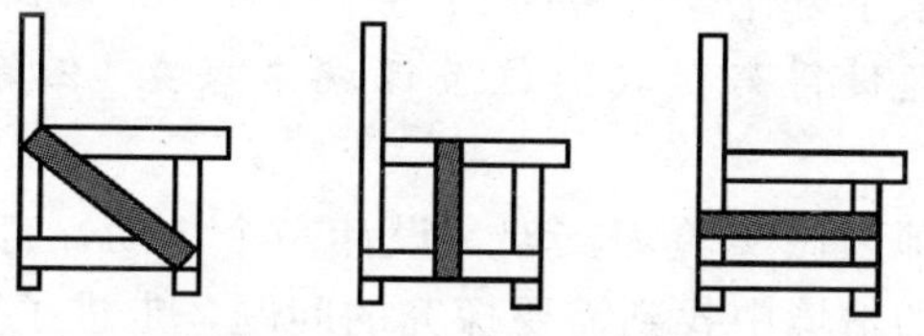

教师笑着说：同学们想了这么多好办法。到底把木条钉在什么位置能使这把即将散架的椅子加固起来呢？带着这个问题，请大家“仔细观察细揣摩”，现在观察生活中的图像。（教师播放图像：建筑、高压线、桥梁……）

学生观察：三脚架的屋顶、输送高压电线的铁塔架、斜拉桥……

教师：希望同学们“分析比较巧归纳”，通过你们的观察，你想到了什么？

学生：这些构造都与三角形有关。

教师：真会归纳，说得好！这些构造都与三角形有关。为什么呢？

学生议论：能计算吗？怎样计算？还是做实验吧！……

教师：计算，我们现有的知识还做不到。好！咱们做个试验，看看你们会有什么惊喜的发现。（教师出示一个木条钉成的三脚架，见下图）

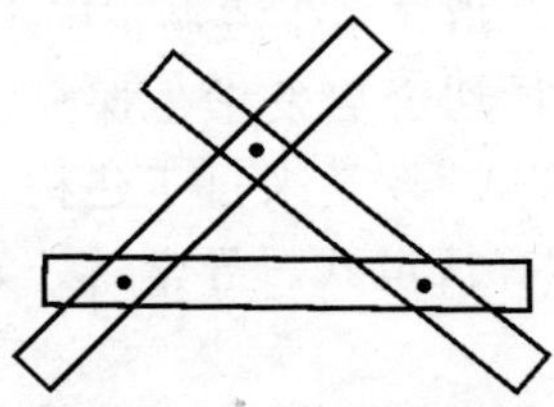

一个同学上来，没能把这个木条钉成的三脚架拉动。

又有一个同学上来拉动三脚架，三脚架仍然纹丝不动。

最后上来一位“大力士”，居然也没将这个小小的三脚架拉动。（三脚架的稳定性就在活动中被孩子们发现了）

这时，大家不约而同地喊出结论：老师，木条要斜着钉在椅子上组成三角形才会稳固！

教师接着说：那你能说一说在生活中你见到哪里用过这样的三脚架吗？

学生兴趣倍增，述说在生活中见到的现象……

教师：现在请提出探究的问题。

生：三角形的架子为什么稳固？

教师：这个问题提得好！我们这节课就来探究“三角形具有稳定性”的问题。

面对现实，教师以做实验为支架，设计一个活动，言语虽然不多，却引导学生在观察实验的情境中找到需要探究的问题，走进了数学知识的探索中。这必然引起学生们对后继学习的极大兴趣和热情。

猜想问题是实行探究学习获得结论的前提，教师要避免学生凭空瞎想。教师要帮助学生掌握“联想想象细推敲”的思维策略，一般来说，可通过以下三种方式提供给学生做出合理猜想的依据：凭直觉的猜想、凭经验的猜想、凭类比的猜想。

三、启发思维、探索解题

教学实践告诉我们，教师要指导学生依据原有的认知经验，结合适当的学习策略投入到解题过程中，运用辨别、比较、分类、联想、想象、分析、判断、推理、归纳、概括、综合等多种思维方式，最终形成对学习材料的意义建构。

在学生建构新知的过程中，教师通过综合实践活动，启发学生积极思考，通过质疑、释疑、理解、运用、迁移等过程，组织学生开展创造性的学习活动，从而使学生形成新的认知结构。

如“百分数的意义”一课的教学：

A教师的教学：

教师出题：六年级三好学生是六年级总人数的17%；五年级三好学生是五年级总人数的30%。

师：你能说说这两个百分数各表示什么意思吗？

生1：17%表示六年级三好学生人数是六年级总人数的17%；30%表示五年级三好学生人数是五年级总人数的30%。

师：通过刚才的理解，谁来用自己的语言说说百分数表示什么？

（学生一头雾水，感觉茫然）

师（很无奈地，只好自己指出）：这里的三好学生人数可以看作“一个数”，年级总人数可以看作“另一个数”，所以百分数表示一个数是另一个数的百分之几。

教师板书：百分数表示一个数是另一个数的百分之几。

（学生齐读）

B教师的教学：

（在研究了投圈比赛中小红、小明、小芳的投中百分率分别表示什么意思的基础上）

教师课件演示生活中的一组百分数：

逸夫小学六年级女生人数是六年级总人数的45%。

我国人口总数占世界人口数的21%。

收看《喜羊羊与灰太狼》的电视观众人数是看电视总人数的17.3%。

这次考试的及格人数占参加考试人数的100%。

衣料羊毛含量是70%。

下面，请大家拿出老师发给你们的表格（见下表），你可以从自己找的百分数（课前让学生收集了生活中的百分数）或从老师提供的百分数中，选出一个你感兴趣的百分数写在摘录栏目中，并独立完成这张调查表：

摘录	
这个百分数是（　　　　　　）和（　　　　　　）比较的结果	
这个百分数表示（　　　　　　）是（　　　　）的（　　　　）	

（教师巡视，指导填表，学生完成后同桌交流，交流后全班汇报，教师板书）

生1：45%表示逸夫小学六年级女生人数是六年级总人数的45%。

生2：21%表示我国人口总数占世界人口数的21%。

生3：17.3%表示收看《喜羊羊与灰太狼》的电视观众人数是看电视总人数的17.3%。

生4：100%表示这次考试的及格人数占参加考试人数的100%。

生5：70%表示羊毛含量是面料总含量的70%。

师：研究了这么多的百分数，请大家“分析比较巧归纳”，谁能用一句话来概括百分数的意义？

生6：百分数是比较的数，是两个数的比较，它用100为单位。

师：把意思都说到了，看看书上是怎么说的。教师板书：百分数表示一个数是另一个数的百分之几。（教师将板书中的“一个数”和“另一个数”分别用红笔圈出）

课前调查发现，六年级学生对百分数的意义并非毫无认知，对于生活中的百分数，学生稍加留意即可见到，如包装盒上的百分数、报纸上的百分数……有不少学生还能够解释它们的具体意义。但究竟百分数表示的是什么？要准确地理解和掌握，学生还是比较茫然的。因此，教师在教学中的主要任务是帮着学生把生活经验抽象为数学概念。

A教师的教学中，教师试图让学生用例题中的两个例子将百分数的意义进行抽象，显然，这样的“抽象”缺乏了足够多的“具象”，缺少对“百分数意义”的感性认识，而且，该教师完全放弃了教学中的宝贵资源——学生已有的生活经验和现实基础，这种追求概念形成“一步到位”式的教学，与探究式教学大相径庭。

B教师的教学中，教师没有过早地把生活经验进行抽象，而是引导学生研究生活中百分数的素材，让学生通过观察、概括，体会“百分数的意义”，当学生对意义说不清楚的时候，教师及时指导学生看书学习，通过自身观察、联想、推理，从而使概念的形成水到渠成。

又如“倒数的认识”的教学：

1. 教师利用谈话导入，联系旧知识，让学生提出质疑问题，明确探究的目标。

教师：前一段时间，我们一直在研究分数乘法的知识，今天我们来研究一种新的知识（板书题目：倒数的认识）看到题目，同学们有什么想法吗？你想研究什么呢？

生：为什么学倒数？什么是倒数？怎么求倒数？

2. 任务驱动，调动学生思维，形成倒数概念。

教师揭示课题：说得不错，今天我们就重点研究什么是倒数、怎么求倒数。

教师出示算式，请学生直接说出结果：

3/4×4/3；　4/5×5/4；　9/7×7/9；　3×1/3；　5/9×9/5

1234×1/1234；　0.2×5；　3/2×5/6；　0.01×100

教师：观察计算结果，你有什么发现？

生：可以进行归类。

教师：好，请大家将这些算式分一分类。

学生很快将这些算式分为两类，结果是1的；结果不是1的，老师顺势用集合圈示意。

教师启发：你能将乘积是1的算式再分一分类吗？请小组讨论解决。

教师给学生充分思考、合作交流的时间，学生们观察到：分数乘分数；整数乘分数；整数乘小数。

（看似简单的分类，可这背后却涵盖了求一个数的倒数的所有情况，教师是醉翁之意不在酒，这里达到了润物细无声的效果。学生在不知不觉地建构着新知）

教师：分析比较巧归纳，你们观察到什么？（学生揭示概念：乘积是1的两个数互为倒数）

教师：请举例说明。

生1：4/7的倒数是7/4，这两个数乘积是1。

生2：我补充，7/4的倒数是4/7，这两个数乘积是1。

教师：在倒数的表述过程中，你认为哪些地方比较重要呢？你能选一个例子来说一说什么是倒数吗？

生："乘积是1"的表述很重要，还有"两个数"和"互为"都很重要，如……

教师：理解正确。

3. 在实践中检验、矫正，强化概念，学会反思学习。

教师出题：

1）下面的说法正确吗？因为5/8×8/5＝1，所以5/8是倒数，8/5也是倒数。

（这种说法不正确，应该说5/8和8/5这两个数乘积是1，这两个数互为倒数）

2）下面哪两个数互为倒数，请用线连起来。

1/8	3/2	14/15	5	12/7	1/3
2/3	1/15	7/12	8	15/14	1/5

4. 运用概念，寻求找一个数的倒数的方法。

教师：我们知道了什么是倒数，怎样找到一个数的倒数呢？这是这节课要完成的学习目标。

生1假设：求一个数的倒数可以用1去除以这个数。

教师：他提出的办法如何？

生2：如果求分数的倒数，分数除法还没有学怎么办？

生3：用1去除以整数、小数，除不尽怎么办？

教师：看来用上述方法有一定的局限性，那有没有更简单、更一般的方法呢？

（教师的一席话刺激着学生的思维，并将学生再一次带回乘积是1的所有算式，重新审视算式的特点）

有的学生们似乎恍然大悟：不就是调换一下分子分母的位置吗？

教师：你们找到了奥妙！那么，求小数的倒数怎么办？

生4：先把小数化成分数呀！（学生实现了知识的前勾后连）

教师出题，通过一系列的练习，验证学生的想法。

写出下列各数的倒数：

3/5倒数是（　　）；6的倒数是（　　）；0.7的倒数是（　　）

2.5的倒数是（　　）；11/5的倒数是（　　）；$1\frac{2}{3}$的倒数是（　　）

至此，学生们非常高兴自己已经会求一个数的倒数了。

教师：是不是所有的数都有倒数呢？

学生经过思考，提出见解：

生5：1的倒数是1。

生6：0没有倒数，因为0和任何数相乘都得0。

教师：说得好！

5. 运用数轴，外化概念。

教师：请直观感知数轴上一组组倒数的特点。

生7：我通过观察数轴，知道真分数的倒数大于1；假分数的倒数小于1。

教师进一步要求：这次可不能光能说出一个数的倒数是几了，还要找到在1的什么位置：

2/3倒数是（　　），在1的什么位置？2的倒数是（　　），在1的什么位置？

如果是5/4、3的倒数呢？

要求：每人一份小卷子，将答案标在数轴上。

6. 拓展延伸，渗透数形结合、等积变形的思想。

教师：如果我们把这一组组倒数想成长方形的长和宽，你还会有更多的发现。

（这一环节实现着创造性的学习活动，帮助学生形成新的认知结构）

单位“1”　　5/4×4/5；　　2×1/2；　　3×1/3

想一想：如果面积是1，长是100，宽是（　　），这样的长方形什么样？

7. 运用代数思想，将具体的数字改为字母，培养学生的抽象概括能力。

教师出题：选择正确答案的字母填在括号里。

当（　　），a的倒数等于a。

当（　　），a的倒数小于a。

当（　　），a的倒数大于a。

A. a大于1　　B. a等于1　　C. a大于0但小于1

8. 教师出题，引导学生实现意义建构。

（一组简单的计算，悄然地回答了学生上课时提出的问题“为什么要学习倒数”，真正实现了知识的意义建构）

先计算，再观察算式的结果，你发现了什么？

8÷4＝　　2÷3＝　　100÷2＝

8×1/4＝　　2×1/3＝　　100×1/2＝

学生讨论交流：被除数除以除数等于被除数乘以除数的倒数。

9. 搭建反思平台，培养学生自训监控学习的能力。

教师：自我提问自引导，本堂课到此为止，请你谈谈学习收获。

生1：我知道了“被除数除以除数等于被除数乘以除数的倒数”这个知识。

生2：我对于提出的问题“为什么要学习倒数”已经没有疑义了。

生3：数量关系图中现，通过画图，我能直观地感知数轴上一组组倒数的特点。

生4：我通过小组活动，练习了口语交际，我感到很愉快。

……

上例教学，教师与学生互动，通过巧妙引导，启发学生进行观察、想象、推理等活动，最终形成了对倒数概念的意义建构。

在探究学习过程中，教师不是任由学生信马由缰地自行摸索，而是要负起责任，注重指导：①教师要引导学生打开研究思路，不是直白地告诉解法和答案，而是重在指导解题的方法和策略；②教师要为学生提供必需的学习材料，组织学生以小组学习的形式来进行探究。鼓励学生用不同的眼光观察事物，用自己的思维方式进行探究，形成独特的个人见解，让学生有了独立思考的基础后，再在小组内交流；③ 要重视反馈评价在探究过程中的激励强化作用，及时鼓励学生去体验探究新知的过程。

四、提供平台、迁移发散

学生理解知识必须要有巩固运用的过程，传统教学大多是教师提供练习题目，学生通过模仿、迁移掌握知识，忽略了对学生创造能力的培养。

教师要提供实践平台，指导学生将知识活学活用，使学生发挥创造能力，体验学习乐趣。教师的角色是巡视、指导，充当学习顾问和学生学习实践活动的合作者。

动手操作、自主探究是学习数学的重要方式，有助于提高学生的观察能力、创造能力，利于学生的空间观念及合作学习的能力的培养。如“百分数的意义”一课的实践练习：

A 教师的教学：

这节课的知识学习完了，你们学得怎么样？现在做几道练习题，检查你们的学习效果。

1. 百分数的读法与写法练习。（题略）

2. 说出下面百分数的意义。（题略）

3. 完成《课堂作业本》中的相应题目。

B 教师的教学：

1. 下面每个大正方形都表示“1”，图中涂色的部分和没有涂色的部分各占“1”的百分之几？（题略）

2. 填空：学校合唱队中，男生人数是女生的 45%。男生人数是女生的（　　）/100；男生与女生的人数比是（　　）：100。

3. 选择合适的百分数填空。

108%　45%　98%　99%　100%　55%　2%

教师：请小组活动，自己出题自行练习。

学生出题举例如下：

一个工厂从一批产品中抽出 200 件，经过检验，有 198 件合格，合格率是（　　）。

小明的爸爸是个著名的牙科医生，经他主治的牙病治愈率达到（　　）。

某车间经过技术改良，现在每月的产量是原来的（　　）。

一本书已经看了（　　），还剩下全书的（　　）。

我国神舟飞船从神舟一号到神舟七号发射全部成功，发射成功率是（　　）。

4. 观察下面电脑复制文件过程中的示意图(教师课件演示)。你了解到了什么？图中的20%表示什么？根据这些信息，你能提出哪些数学问题？

学生出题……

A教师的教学，虽然重视对“百分数的意义和读写”技能的训练和巩固，但教师把概念教学的巩固练习局限于反复单调的技能操练中，这样的概念巩固和应用过于简单和呆板，这种机械性的题海战术缺乏思维含量，学生往往感到单调沉闷、疲于应付。

B教师的教学，教师不仅关注概念的巩固和应用，而且关注激活学生内在思维，让学生既能深化对百分数意义的理解，又能提升思维的挑战性。通过“涂色部分和没有涂色的部分各占‘1’的百分之几”这一练习，既深化了对百分数意义的理解，又使学生体会到单位“1”与“100%”的内在联系；通过练习2，有效沟通了百分数、分数与百分比的关系，有利于概念的内涵解读和外延深化；练习3“选择百分数填空”，培养了学生的数感，渗透了估计意识；练习4“解读文件复制中的示意图”再次激发学生的求知欲，为今后学习百分数应用题铺平道路，实现了概念的融会贯通。

尤其精彩的是，教师在练习实践活动中，搭台让学生唱戏，放手让学生自主出题，这是培养学生创造性思维的极好方式，值得赞赏。

五、指导反思、自训监控

根据教学信息论原理，如果没有反思，学习流程短路，则学习效果为零。反思监控学习是学习者自我意识强的表现，反思监控能力强的人学习能力也往往较强。学习过程的每一个环节都离不开学习个体的反省认知。反省认知是学习者的自我意识，学生要能够自我调节、自我监督、自我检查等，教师只有引导学生不断提高反省认知水平，他们才会取得更好的学习效果。

例如：一年级“整十数的加减法”的教学：

师出示：20＋40＝　　30＋50＝　　60＋20＝　　30＋70＝

70－30＝　　90－70＝　　50－20＝　　100－40＝

师：上面这些题有什么共同点？(启迪探究意识)

生齐声：都是整十数。

师：你们自己能出几道像上面的题吗？

学生出题做练习……

师：自我提问自引导，本节课你学到了什么知识？(引导反思)

生1：我学会了做加减法。

师：说话要说明白，是什么样的加减法？（指导）

生1：整十数加，整十数减。

师：把话说完整，再说一遍。（指导）

生1：我学会了做整十数的加减法。（自训监控）

师：大家都说学会了，好！运用知识须实践，谁能出题考考大家？

生1：我出一道题，60＋70＝？谁能计算？

生2：我来计算，60＋70＝130，我计算得对吗？

生1：计算正确。你是怎样想的？（这个学生别出心裁，不但肯定同学的答案正确，而且俨然像个老师，又接着追问答题的思维过程，这样做，反映出教师平时的思维训练卓见成效。）

生2：我是这样想的，两个70是140，再减10，就等于130。

生3：我补充，还可以这样想，两个60是120，再加上10，等于130。

这时，还有的学生纷纷举手，教师见状，连忙说：细想起来，这道题确实还可以有不同的思路，不管你用哪个思路，基本的计算原理是什么？（教师不是放手让学生无限地发散解题，而是迂回提问，引导学生对本课的概念进行理解）

生齐声：20以内的进位加法！

师：说得好！但是，大家一定要记住，我们这节课学习的知识是什么？（追问）

生1：整十数加，整十数减。

师：好像是半截话，请把话说准确。（强调）

生1：整十数的加法，整十数的减法。

师：能不能概括得更简练？（引导概括）

生2：我们这节课学习的知识是整十数的加减法。

师：他概括得怎样？（探询）

生齐答：完全正确！

师：说话很完整，概括得很准确！（肯定强化）

再如“长方形、正方形的认识”教学即将结束时：

师：我们是怎样探索长方形、正方形的特征的？（引导学生依据板书内容回顾）

生：我们用“量一量、折一折、摆一摆”的方法，发现了长方形、正方形的特征。

师：请大家交流本课的学习收获。

生1：我知道了什么是正方形、长方形。

生2：我知道用量一量、摆一摆、折一折的方法认识正方形和长方形。

生3：我知道在生活中有许多和长方形、正方形有关的事物。

师：说得好！大家学到了正方形、长方形的知识，掌握了认识正方形、长方形的方法，还能将所学的知识与生活实际联系起来，真是数学小博士啊！

教学行将结束，教师提供反思平台，帮助学生实现反思学习，学生真正成为学习监控的主人。从上面的教学实例中，可以看到学生能够在教师的引导下，生动、活泼地反思自己的学习收获，从而增长自己的学习智慧。久而久之，可以培养学生独立思考的能力和灵感多发的创造性思维能力，使学生终生受益。

需要强调的是，教师不要嫌麻烦，认为教学快要结束了，时间不多，自己归纳总结就行了，没有必要让学生来反思。须知，学习者自己不反思监控自己的学习，这本身就是违背教学信息论原理的，学习无反馈，造成学习流程短路，这本身就是无效的教学。学生的学习效果如何，只有学习者本人最清楚，教师不能越俎代庖。如果教师的总结说得天花乱坠，学生不认可，那绝对是无效的教学。

有效地实施引导反思、自训监控，教师就要重视评价在探究过程中的激励作用。要由教师单一评价向学生自我评价等多种形式结合转化，要注重培养学生反思监控学习的能力。这个能力的培养既包括学习结束时的反思监控，也包括学习过程中的反思监控。教师要重视学生对自己学习活动的反思和自我评价，如"现在你可以自己来判断一下，自己原来的猜测对吗？如果有错，主要是什么地方错了？""你觉得自己的这种证明能让他人信服吗？""还有其他的证明方法吗？"让学生有更多的机会去反思、体验探究发现的过程。学习将要结束时，教师可以提问"你有什么收获、经验与大家分享？""你怎样证明你能行？""请谈谈你的收获体会？""你的学习目标实现了吗？"这样才能更好地培养学生善于认识自己的能力和善于了解自己的思维品质、学习策略、学习情感、学习态度，在教师搭建的反思平台上，提高自己的反思能力，以及进行自我调控的学习能力。

第五章　指导探究技能的类型

一、尝试学习

尝试学习是实现探究学习的重要方式，学生在教师指导下，通过已有知识进行自主学习、逐步探究，从而获得新知识、提高自身学习能力。

根据皮亚杰儿童认知发展阶段理论，小学儿童正处于具体运算阶段(具体运算思维期，Concrete Operational Stage)在本阶段内，儿童的认知结构由前运算阶段的表象图式演化为运算图式。具体运算思维具有守恒性、脱自我中心性和可逆性。皮亚杰认为，该时期的心理操作着眼于抽象概念，属于运算性(逻辑性)的，但思维活动需要具体内容的支持。尝试学习能够充分发挥学生的主体性，赋予学生更多的自主实践、亲身体验的机会，丰富了学生的直接经验和感性认识，通过感性实践得到新的知识。

教师在教学中要根据学生实际，准确提取与教学内容有关的原有知识，通过复习唤醒学生的原有知识经验，为学生自主尝试学习新知识做铺垫。

例如，北京版《小学数学》第十一册第三单元“百分数和小数、分数的互化”的教学，教师通过复习旧知识引入，首先复习学生五年级时学过的小数和分数的互化，并通过追问达到最佳引入效果。

教师布置填空练习：(创设情境)

$0.7=(\frac{\quad}{\quad})$　　　$0.09=(\frac{\quad}{\quad})$　　　$\frac{13}{100}=(\quad)$

$\frac{2}{3}\times0.4=(\quad)$　　　$\frac{1}{2}\times0.4=(\quad)$

师：$\frac{2}{3}\times0.4=(\quad)$这道题你是怎么想的？(探询，启迪意识)

生1：我是这样想的，先把0.4化成$\frac{4}{10}$，再用$\frac{4}{10}$与$\frac{2}{3}$相乘，化简后得$\frac{4}{15}$。

师：$\frac{1}{2}\times0.4=(\quad)$这道题你又是怎么想的？(追问)

生1：我是这样想的，先把$\frac{1}{2}$化成0.5，再用0.5与0.4相乘等于0.2。

师：仔细观察细推敲，通过做题，你有什么想法？

生1：做练习的时候，有时要把小数化成分数，有时又要把分数化成小数。

师：说得好！谁有问题？（搭建问题支架）

生2：为什么在计算时我们有时要把小数化成分数，有时又要把分数化成小数？（比较提问）

生3：我们要结合题目的具体情况来选择合适的解题方法。

这里，教师在唤醒学生的原有知识的同时，也为学生自主尝试学习新知识做好铺垫。教师接着说：你们谁能出类似的题？

学生出题：比较0.741、75%、0.739、72.8%的大小。

教师：根据刚才的练习，大家想一想，怎样解决这个问题？现在两人一组互相交流。交流后把体会快速写在练习本上。（合作探索）

集体交流，学生板演。（指导学生探索解题）

(1)百分数化小数

$75\%=\frac{75}{100}=0.75$

$72.8\%=\frac{72.8}{100}=0.728$

因为 $0.75>0.741>0.739>0.728$

所以 $75\%>0.741>0.739>72.8\%$

(2)小数化百分数

$0.741=\frac{74.1}{100}=74.1\%$

$0.739=\frac{73.9}{100}=73.9\%$

因为 $75\%>74.1\%>73.9\%>72.8\%$

所以 $75\%>0.741>0.739>72.8\%$

师：请说做题(1)的思路，怎样把百分数化成小数？（指导分析）

生1：把百分数化成小数，我先把75%改写成$\frac{75}{100}$，相当于把75缩小了100倍，所以将75的小数点向左移动2位，就是0.75。

师：此题的关键在哪里？（追问）

生1：关键是$\frac{75}{100}=0.75$不要化错。如，$\frac{72.8}{100}=0.728$

教师：根据题(2)的操作，请总结小数化成百分数的方法。（引导概括）

生2：把小数化成百分数，先把小数化成分母是100的分数，再改写成百分数。

师：此题的关键在哪里？（引导反思）

生2：关键是$0.741=\frac{74.1}{100}$不要化错。分母是74.1。（自训监控）

师：说得好！百分数和小数互化的关键是要熟练运用已有的互化知识。（强化认识）

学生根据原有知识、学习经验，尝试探究百分数和小数的互化方法，把百分数化成小数或把小数化成百分数进行比较。学生在经历尝试自主探究学习的过程中，体会到百分数与小数的内在联系，感受到数学学习的乐趣，同时提高了学生的分析、比较、概括和推理的能力，使他们对学好数学更加自信。

二、自读自悟

自读自悟模式就是以学生为主体，教师引导学生通过自己的主观能动性“自读”“自探”“自悟”。“读”是途径，“探”是过程，“悟”是“读”所要获取的结果。学生通过自读自悟，体会数学的价值，逐渐从“学会数学”走向“会学数学”。教师要引导、帮助学生在自读自悟的过程中发现和提出问题；帮助学生学会总结，学会把自己的思考过程以及感悟到的东西写出来；帮助学生学会表达，把自己理解的、做过的事情清清楚楚地说出来。

例如，在数学教学中教师经常会问：“读了这个已知条件，你想到了什么?”这就是让学生通过读题，把自己的体会说出来与大家分享。这种短时的自读自悟在数学教学中是非常重要的，它能够有效地提高学生感悟、推理、总结、表达等方面的能力。

如，在教学北京版《小学数学》第八册第三单元“实际问题中的有关相遇问题”时，教师放手让学生通过自读自悟理解题意，提出问题，从而引出探究学习活动。

教师出示题目：亮亮和芳芳早上7时分别从家同时出发步行上学，7时20分两人同时到达学校。亮亮平均每分钟走50米，芳芳平均每分钟走40米。（创设问题情境）

师：请同学们默读题目，想想你都知道了什么数学信息？（启迪意识）

生1：读完题后我通过“亮亮和芳芳早上7时分别从家同时出发步行上学”这个已知条件知道了：亮亮是早上7时从家出发步行上学的，芳芳也是早上7时从家出发步行上学的，他们是同时出发。

生2：读完题后我通过“7时20分两人同时到达学校”这个已知条件知道了：亮亮和芳芳不仅同时从家里出发，而且还同时到达学校，也就是说他们路上用的时间相同。

生3：读完题后我通过“亮亮平均每分钟走50米，芳芳平均每分钟走40米”这个已知条件知道了：亮亮步行的速度是每分钟走50米，芳芳步行的速度是每分钟走40米。亮亮每分钟比芳芳每分钟走得快。

生4：读完题后我通过“亮亮平均每分钟走50米，芳芳平均每分钟走40米”这个已知条件还可以知道：亮亮家离学校比芳芳家要远一些。

师：同学们借助自己的生活经验对这些数学信息理解得非常好。根据这些数学信息，你能提出哪些数学问题呢？请说一说。（搭建问题支架）

生1：亮亮家距学校多少米？

生2：芳芳家距学校多少米？

生3：亮亮家到芳芳家的路程是多少米？

……

在教学中，教师给学生充分的时间进行自读自悟，然后全班进行交流讨论，在互相补充、启发的过程中，使得学生的理解感悟得到升华。整个教学过程由重“教”转向重“学”，学习方式由被动接受向主动探究转变，学生的自主学习能力得到提升。

三、小组合作

小组合作是学生在一定情境下，借助他人(包括教师和学习伙伴)的帮助，通过合作获得更加深刻、丰富的知识的一种交流互助的学习方式。学习理论认为，一个人获取知识信息一般有三个渠道：从书本中获得、从老师那里获得、从社会交往中获得。对学生来说，实施同侪互教，从伙伴中获得知识是重要的学习渠道，这种学习环境，学生没有顾虑，能够畅所欲言，学习效果好。合作学习是学生学习知识的重要学习方式。

在小组合作中，教师要研究怎样指导学生开展有效的合作学习，如，怎样分组更科学、更实用，如何确定每一次小组活动的内容、步骤。教师要善于融入小组活动中，成为小组成员，不做旁观者，这样既有效地学习了知识，又增进了师生的感情。

例如，在教学北京版《小学数学》第五册第六单元“统计与可能性”的有关知识时，教师要求小组内人人参与试验，轮流记录，共同统计数据，小组成员一起汇报；然后再依据各小组汇报的数据通过小组讨论做出推测，最后进行验证。

师：出示活动要求。(选择内容，创设情境)

1. 袋子里共有10颗棋子，分为红、黄、蓝三色。

2. 先摇匀，再任意摸出一颗，记录颜色。然后把棋子放回袋子里，摇匀再摸。

3. 每人摸10次。各小组按要求进行试验，教师巡视、指导，并参与各组试验。

学生按要求进行试验。

各小组汇报试验数据。

师：汇总所有小组试验数据(见下表)并提出问题。(交流方式)

	摸出红色棋子次数	摸出黄色棋子次数	摸出蓝色棋子次数
第一小组	7次	12次	21次
第二小组	9次	14次	17次
第三小组	6次	11次	23次
第四小组	8次	8次	24次
第五小组	9次	13次	18次
第六小组	5次	9次	26次
第七小组	8次	13次	19次
第八小组	6次	12次	22次
合　计	58次	92次	170次

根据各组的试验数据，请你猜测布袋中这10颗三种颜色的棋子每种颜色各多少颗？(分析)

(学生小组活动，各小组对试验数据进行猜测推理，同时组织好语言，准备汇报)

师：请第一小组的同学们进行汇报。(组织交流)

(教师板书数据)

生1：我们小组依据各小组试验数据，红色棋子被摸出的次数最少，所以我们猜测红色棋子有2颗。

生2：黄色棋子被摸出的次数比红色多一些又比蓝色少一些，所以我们小组猜测黄色棋子有3颗。

生3：蓝色棋子被摸出的次数最多，所以我们小组猜测蓝色棋子有5颗。

生4：依据各小组试验数据，我们小组的猜测是红色棋子有2颗，黄色棋子有3颗，蓝色棋子有5颗。

师：第一小组分析、推理、猜测的过程是否合理，同你们想的一样吗？(引导交流)

生5：第一小组分析、推理、猜测的过程合理，因为他们是依据各小组汇总的试验数据进行分析、推理、猜测，我们小组(第七小组)也是这么想的。

(第一小组的猜测得到了其他小组的认可)

师：大家都认可第一小组的分析、推理、猜测，是不是就没有其他想法了？请各小组再讨论讨论，互相补充一下。(协调，鼓励发散)

(学生小组再讨论，互相补充)

师：请第八小组的同学们进行汇报。

(教师板书数据)

生6：我们小组依据各小组试验数据，红色棋子被摸出的次数最少，所以我们猜测红色棋子有1颗，黄色棋子被摸出的次数比红色多一些又比蓝色少一些，所以我们小组猜测黄色棋子有2颗，蓝色棋子被摸出的次数最多，所以我们小组猜测蓝色棋子有7颗。

生7：我们小组依据各小组试验数据，红色棋子被摸出的次数最少，所以我们猜测红色棋子有1颗，黄色棋子被摸出的次数比红色多一些又比蓝色少一些，所以我们小组猜测黄色棋子有3颗，蓝色棋子被摸出的次数最多，所以我们小组猜测蓝色棋子有6颗。

生8：我们小组依据各小组试验数据，红色棋子被摸出的次数最少，所以我们猜测红色棋子有1颗，黄色棋子被摸出的次数比红色多一些又比蓝色少一些，所以我们小组猜测黄色棋子有：4颗，蓝色棋子被摸出的次数最多，所以我们小组猜测蓝色棋子有5颗。

生9：依据各小组试验数据，我们小组猜测袋子里红、黄、蓝三种颜色的棋子个数有4种可能，分别是：红色棋子有1颗，黄色棋子有2颗，蓝色棋子有7颗；红色棋子有1颗，黄色棋子有3颗，蓝色棋子有6颗；红色棋子有1颗，黄色棋子有4颗，蓝色棋子有5颗；红色棋子有2颗，黄色棋子有3颗，蓝色棋子有5颗。

(学生们都表示赞同)

师：同学们都十分赞同第八小组的精彩汇报，看来同学们都是思维严谨的孩子！(强化)

……

最后，教师让学生打开布袋子进行验证，通过验证大家发现自己的猜测、推理是正确的，兴奋异常，觉得数学学习也是十分有趣的，这大大增强了学生学好数学的信心。

上例明显地展示合作学习的有效性，小组合作改变了传统课堂教学中的单一化、模式化、教条化的弊端，为师生互动、生生互动创造了良好的条件。

四、社会调查

社会调查是教师依据教学内容以及学生生活的社会环境等，设置调查内容，开展调查活动，引导学生搜集整理有效数学信息的探究学习方式。

教学案例1：教学"计算利息"时的社会调查作业布置(时间：上课前一周的某节数学课)

师：哪些地方会用到与利息相关的知识?

生：银行……

(教学意图：通过创设调查情境，激发学生调查探究的欲望，引起学生的兴趣和思考)

师：调查过程中到哪个银行去调查，调查哪些内容，应该注意一些什么问题?

学生讨论回答：

1. 到附近的银行去调查；注意交通安全；注意与银行的工作人员沟通的方式、语言等。由一名同学向工作人员提问利息的问题，其他同学认真倾听。

2. 调查的内容：什么是利息?利率、年利率分别是多少?……

(教学意图：通过提问引导学生设计规划调查策略，提高实施调查的能力)

这段教学，教师充分利用学习材料，通过提问引导学生思考调查策略，激发学生探究社会生活中的数学知识的积极性，体验数学学习的价值。

教学案例2：扇形统计图教学(高年级)

师：你对哪些社会热点问题感兴趣?

生：交通问题、环保问题、消费问题、升学问题……

师：愿意做一些调查，对你们所关注的问题做更细致的了解吗?

生：愿意。

(教学意图：通过创设社会调查的情境，引导学生关注社会热点问题，激发学生数学调查的兴趣)

师：现在分组对不同问题进行调查。你们想怎样调查交通问题、环保问题和消费问题?

（教学意图：引导学生思考社会调查的具体内容）

学生讨论后汇报：

1. 交通问题调查——地点：学校外的一条公路上；时间：15 分钟内；内容：过往的各种机动车的数量统计（小轿车、中型轿车、大卡车、摩托车）。

2. 环保问题调查——北京市 PM 2.5 来源构成情况数据调查（扬尘、煤炭燃烧、工业排污、机动车尾气排放等）。

3. 消费问题调查——某家庭娱乐、食品、服装、水电、教育等费用支出情况调查。

……

师：针对调查过程，你有哪些建议或好的方法？应该注意一些什么问题？

学生思考后回答：注意交通安全；记录调查的信息时可用统计表……

（教学意图：提高学生社会调查的能力，将统计知识用于生活实际）

教师根据学生特点和教学内容，从多角度引导学生确定了不同的社会调查方式，指导学生探访家长、邻居、同学，以及到社会公共场所、社区、公交车站等地进行调查，获取与学习内容相关的数据信息，为学习扇形统计图提供了丰富的素材，提高了教学的实效性。

教师对学生的社会调查探究指导过程清晰、具体，有较强的实效性和针对性，提高了学生的社会调查能力，为学习课堂内容提供了拓展延伸的宝贵资源。

五、网络学习

网络学习指教师根据所教的内容，引导学生运用现代网络技术学习数学知识、巩固数学知识，提高探究能力的学习方式。

学生对计算机的使用并不陌生，数学教学过程要充分发挥现代科技的优势，引导学生运用网络进行学习。这样做，不但可以提升学生自主探究学习的能力，同时有助于教学效率的提高。

如，学习“圆的周长”一课快要结束时：

教师：图形知识的学习一般包括哪几个方面的内容？（回忆）

学生：图的特征、周长、面积、应用等。

教师：如果今天我们学习圆的周长，你们有什么建议吗？（引导假设）

学生：参照学过的图形的周长计算方法学习；看书自学。

教师：如果让你们上网学习，有什么想法吗？（形成期待）

学生：对照教材内容，搜集圆的周长的信息资料阅读学习；上网查找自己不理解的问题；搜索教学视频学习……

教师：今天的实践活动就是利用计算机自主探究学习圆的周长。你们觉得应该有哪些要注意的问题？（通过交流，提出学习的方法策略）

学生：独立思考；确定搜集内容并适当地做一些记录；可以边看视频边操作，加深理解。

教师在指导学习实践活动时，提出采用网络学习的方式，引起学生转变学习观念并尝试网络学习方式。

六、实践活动

实践活动是指学生的学习实践。学生学的知识是在学习实践中发现、探索、巩固、运用、掌握的，学习实践表明，学生掌握知识不是一次构建就能完成的，它要经历尝试、巩固、迁移的过程。只有通过学习实践，学生才能提高分析问题和解决问题的能力。

如，《小学数学》第11册“存款方案”一课的教学：

（教学背景：学生已经掌握了利息计算的方法，个别学生有过同父母一起去银行存款的经历，但没有真正经历过存款的过程，也没有给父母计算过实得利息）

教学准备：

创设情境：教师把教室布置成银行的场景，将某某银行的标牌立在桌子上，将利息表在电脑中显示出来。每个学生都带上胸卡表明身份，有的学生扮成存款人，有的学生扮成银行工作人员。存款人带钱最多20元（此处的1元相当于1000元）。

（通过给学生创设社会调查的情景，激发学生实践活动的兴趣）

师：通过观察教室的环境，你有什么想法？（搭建问题支架）

学生各抒己见：

生1：我们这个环境是银行。

生2：这个银行里有工作人员，有顾客存款。

生3：我们在这里可以开展实践活动……

师：现在我们体验一回到银行存款的过程怎么样？（明确目标，形成期待）

学生齐声答：好！

师：整个过程中有什么值得注意的问题吗？（假设，形成解题开端思想，探索解题）

生1：银行的人要认真数钱数，认真计算存款人的利息。

生2：存款人对照利息表估算实得利息。

师：活动的时候要交换位置分别体验两种角色。注意语言交流的方式和保持银行的秩序。（组织活动）

学生做好准备后开始实践活动，教师巡视指导，实施评价鼓励。

此段教学，教师关注了学习实践活动问题的选择、学生参与实践活动的方式，体现了让学生充分参与学习实践活动的过程。教师上课开始时，就通过创设情境，让学生进入观察思考状态，激起了学生极大的探究兴趣。进而教师让学生明确活动目的和策略，保证了实践活动的实效性。在教师严密的组织与指导下，学生的学习实践活动能力必有极大的提高。

七、知识检索

知识检索是指在课堂中学习某一知识或技能以及解决问题的策略时，教师通过引导学生检索头脑中存储的知识、技能、策略或通过现代技术搜索与学习内容相关联的知识、技能、策略等，使学生理解、掌握新知的一种学习方式。

如，“比的基本性质”一课的教学：

（教学背景：学生已学习和理解了除法商不变的性质、分数的基本性质，知道了分数与除法的关系，并能应用这些知识解决一些数学问题）

教师：大家见过这样的题型吗？5∶7＝(5÷7)（创设情境）

生：见过，没学过。

教师板书课题：比的基本性质，提问：仔细观察细揣摩，你想到了什么？（引导假设、猜想，提出探究问题）

生1：我想到今天的学习内容是比的基本性质。

生2：我想知道比的基本性质是什么？

生3：我联想到比的基本性质和分数的基本性质有什么关系。

生4：我联想到比的基本性质与商不变的性质有什么关系。

生5：我想到学习比的基本性质有什么用处呢？

（通过板书课题和启发提问，引起学生的兴趣和思考）

师：说得好！比的基本性质与除法和分数有什么关系，它们的性质之间

又有着怎样的关系呢？你们想探讨一下吗？（引向探究目标，形成期待）

师：根据大家提出的问题，咱们先思考：商不变的性质是什么？举例说明它的作用。分数的基本性质是什么？举例说明它的作用。（回忆旧知识）

生1：商不变的性质是……举例 18÷25＝(18×4)÷(25×4)＝0.72

生2：分数的基本性质是……举例……

师：下面，根据大家的事先预习、网络检索及自己的联想检索，请猜想比的基本性质是什么？并举例验证，说明它的作用。

（启发思维，探索解题，通过引导学生猜想激发学生的验证兴趣，提高其检索能力）

生3：我猜想比的基本性质是比的前项和后项同时乘或除以相同的数(0除外)，比值的大小不变。

学生分组猜想并举例验证。如，12∶16＝(12÷4)∶(16 ÷ 4)＝ 3∶4

师：大家进行了举例验证，哪个小组发言？

（组织交流，培养学生的概括能力）

生4：我们小组对比的基本性质进行了验证，结果与同学3说的一致。（其他小组举手表示同意）

生5(归纳后回答)：我们小组认为，比的作用是化简比。

师：他总结得怎么样？（引导反思）

大家点头表示认可。

师：总结得不错！大家通过事先预习、网络检索及用自己的大脑进行联想想象检索，通过猜想比的基本性质，并举例验证，学习到了知识，这种探究学习也是很有效的啊！

这段教学，教师利用知识检索的方式引导学生探究学习，教学效果显著。这样教学不仅有助于提高学生的思维能力，调动学生已有的知识和实践经验以及解决问题的策略，也使学生获得了更多的知识，便于学生系统地理解和掌握知识。

综上所述，教师指导探究的技能是教师教学能力的重要体现，是每个教师实行教学改革、创新教学方法、提高教学质量的重要手段。灵活地掌握指导探究技能的各种类型，并在具体的教学实践中不断研究探索，就可以使探究教学达到最佳的效果。

第六章　指导探究技能的使用策略

教师掌握指导探究技能不是一蹴而就的，需要注意以下几个方面：

一、教师要转变教学角色

教师要转变教学角色。要实现探究式教学，教师就要有崭新的教学角色，要从“台上”走到“台下”，从“台前”走到“台后”，要由“权威式”变为“顾问式、合作式”。这样做，才能引导学生积极主动地探究学习，使学生真正拥有学习的主动权，充分发挥主体作用，从而收到探究学习的效果。

案例，“乘法分配律”教学片段：

师：想一想今天所学的“乘法分配律”与前面学习过的其他运算律有什么不同？（引导反思）

生：前面几个运算律等号左边是几个数，右边也会是几个数，不多也不少。乘法分配律的等号左边是三个数 a、b、c，右边却是四个数 a、c、b、c。

师：想一想为什么右边会多出一个数呢？（追问）

生：因为 c 先乘了 a，又乘了 b，用了两次，所以会多出一个数。

师：说得好！从左往右看这个等式，c 个 $(a+b)$，分成了 c 个 a 加 c 个 b；从右往左看，c 个 a 加 c 个 b 配成了 c 个 $(a+b)$。这就是乘法分配律中“分配”两个字的由来。你们还有别的发现吗？（启发思考）

生：我发现前面学过的运算律里面只有一个符号，而乘法分配律里有两个符号。

师：只有一个符号是什么意思？能举例说说吗？（追问）

生：比如加法交换律里面只有加号，乘法结合律里面只有乘号。

师：大家听懂他的意思了吗？前面学习的运算律里面都是只有一种运算，要么是加法，要么是乘法。

师：乘法分配律里有哪些运算呢？（引导发现）

生：既有加法又有乘法。

师：谁还有其他说法？（探询，引导发散思考）

生：乘法分配律把乘法和加法联系起来了，所以又叫作乘法对加法的分配律。

师：这是一个重要的发现。如果把“+”改成“−”，$(a-b)\times c$ 会不会等于 $a\times c-b\times c$ 呢？

生：不会。

师：真的吗？

经此一问，学生的意见开始分化了，有的在坚持，有的开始动摇，有的已经没有主意了。

师：怎样检验这个想法是否正确呢？（引导、启发学生自己解决）

生：举例子。（学生自己找到解决问题的策略）

师：好办法！在数学里，只要找到一个反例就能证明一个说法是错误的。请你用举例子的方法来验证一下刚才的想法。

学生经过验证发现 $(a-b)\times c=a\times c-b\times c$ 是成立的，是一个规律。

师：真好！刚才我们将乘法分配律中的“两个数的和”拓展到“两个数的差”。这是一种很有价值的思考。你还能想到别的吗？

生：如果不只 2 个数，换成 3 个数的和，4 个数的和或者更多数的和，结果还会不会相等呢？怎样验证？

学生经过举例再次验证了自己的猜想。

上述教学中，教师紧紧把握住乘法分配律的“内在本质”，引导学生、猜想、验证，并通过适时的追问与质疑，将学生的探究不断引向深入。教师作为课堂的参与者、合作者，充分重视和鼓励学生所有的积极参与行为，尽可能地“引出”学生的真实想法，给各种基于思考的观点与想法提供碰撞的机会，最终达到解决问题的目的。

二、教学活动要有变化

正确运用探究教学技能，必须设计探究教学活动，要由教师讲解、串讲式教学转变为由学生生疑、解疑的探究式的学习活动。

案例，“路程、时间、速度”教学片段：

教师：同学们，在初步认识“速度”的基础上，我出示两道题目，大家列式解答。

(1)“神舟十号”飞船在太空中 5 秒钟飞行了 40 千米，飞船的速度约是(　　)。

(2)张叔叔骑自行车外出游玩，2 小时行了 16 千米。张叔叔骑车的速度是

(　　)。

学生很快列出了算式：40÷5=8(千米)；16÷2=8(千米)。

师：哎！我发现张叔叔骑车好快呀！他骑车的速度和“神舟十号”飞船一样快！

生(齐声反对)：不对，不对！张叔叔骑车的速度是每小时8千米，“神舟十号”飞船的速度是每秒8千米，飞船比张叔叔快多了！

师：老师为什么说得不正确？

生：这两个8千米意思不一样，可是，从算式的得数和单位名称上，看不出来它们不一样啊。

生：必须想个办法把这两个8千米区分开。

师：是呀！大家想一想，怎样区分开？

学生先独立思考，在练习本上写出自己的想法，然后全班交流。

生1(在黑板前边写边说)：飞船每秒8千米；骑车每小时8千米。

师：大家看明白了吗？他用的是什么办法？

生2：把走完8千米用的时间分别表示出来。

师：噢，加上走的时间，就能把两个8千米分开了，真是个好办法！还有别的办法吗？

生3(在黑板前边写边说)：在8千米前面分别加上每1秒和每1小时。

师：他的办法和前一位同学类似，还有不同意见吗？

生4：把8千米前面的“每一秒”和“每小时”改成“每秒”和“每时”。

师：他又省去了两个字，那还能更简单吗？

生5：在千米后面直接添上“秒”和“小时”。

师：他把单位改成了“千米秒”和“千米小时”，怎么样？

生6：不行，不通顺，我有办法，改成8(千米)，秒；8(千米)，小时。

师：你为什么把秒和小时写到括号外面呢？

生6：这样就不会把“千米”和“秒”混在一起了，要写成8(千米)，秒；8(千米)，小时。

师：这种办法怎么样？

生：好！

师：同学们真了不起！为了区分这两个“8千米”，大家动脑筋想出了这多么好办法，而且大家的想法已经非常接近数学家的方法了。你们看看数学书上是怎样规范地标注的？

学生读书，看到规范的写法。

生：规范的写法是在“千米”和“秒”之间加个“/”，“神舟十号”飞船的速度写成 8 千米/秒；骑车的速度写成 8 千米/时。

师：小小数学家们很了不起，通过动脑筋自己学到了知识，把掌声送给我们自己！

师：通过读书，你还有什么发现？

生 1：速度单位的名称很特别，它包含两个单位名称。一个是“千米”，一个是“秒”。

师：不错，速度单位是由长度单位“千米”和时间单位“秒”复合形成的。

生 2：速度单位中的“/”除了把“千米”和“秒”分开之外，还相当于“÷”。

师：没错！从速度的单位也能看出路程、时间和速度之间是什么关系？

生 3：路程÷时间＝速度……

在上述教学中，教师通过让学生计算“神舟十号”飞船的速度和张叔叔骑车的速度，发现得数都是“8 千米”，顺势引导学生思考：张叔叔骑车的速度是不是和飞船一样快呢？由此引发学生生疑，产生需要区分这两个“8 千米”的强烈需求。学生经过思考后，自然而然地想到速度单位不能只用路程的单位来表示，还与时间有关，从而建立起标注复合单位的意识。

这样教学，学生充分经历了知识的“创造性”形成过程，有效地突破了复合单位学习的难点，进一步加强了学生对速度单位的理解。这一教学也体现出课堂不是对答如流的套路教学过程，而是有迟疑、有困惑的学习课堂。学生与教师共同围绕一些有价值的数学问题，自由地表达自己的想法，教师、学生之间表现出对彼此的尊重与友善，这正是缘于教学向探究学习活动的转变。

三、学习方式的变化

实施探究式学习，必须改变传统的学习方式，由教知识转变为教学法、教策略，培养学生自我学习的意识和能力，由此，要采用讨论式、自悟式、尝试式、实验式等能够发挥学生主动性的探究性学习方式。

案例 1：“植树问题”教学片段

1. 提出实际问题，明确探究内容，引导第一次探究。

教师创设情境：居民小区在楼前三块草坪的一侧种小树，请大家观察图像(见下图)，利用手中的学具帮助设计植树方案。学生可在三块地上(三种不同情况的塑料泡沫板)植树。

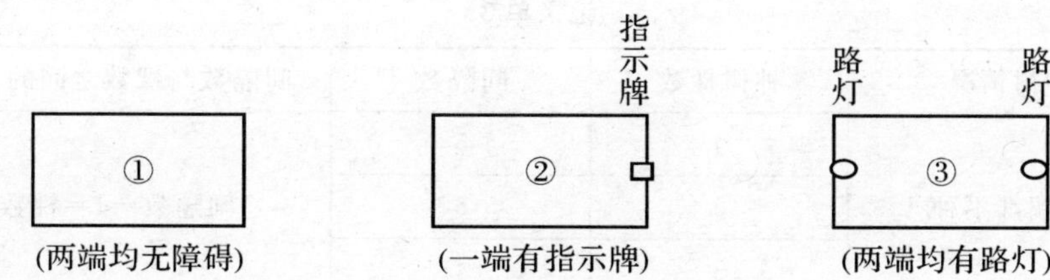

(两端均无障碍)　(一端有指示牌)　(两端均有路灯)

学生四人一组，以学具为现实研究背景，亲自动手“植树”。小组交流讨论，根据草坪的具体情况，确定了三种不同的植树方案：

①两端都种树；

②一端种树，一端不种树；

③两端都不种树。

2. 引导发现规律，建立数学模型，实施第二次探究。

教师发表格，学生将数据填入表中，经过模拟，发现“点数”与“间隔数”之间的关系，建立数学模型。

学生操作、讨论、记录；观察表格，分析实验结果。

呈现记录单(见下图)，全班交流。

记录单 1

种树情况	种树棵数	间隔数	间隔数与棵数之间的关系
一端种树 一端不种	5	5	间隔数＝棵数
	3	3	
	4	4	

通过观察学生发现在一端种树一端不种树的情况下，间隔数和棵数相等。

记录单 2

种树情况	种树棵数	间隔数	间隔数与棵数之间的关系
两端都种	4	3	间隔数＋1＝棵数
	5	4	
	3	2	

通过观察学生发现在两端都种树的情况下，间隔数比种树棵数少 1。

记录单 3

种树情况	种树棵数	间隔数	间隔数与棵数之间的关系
两端都不种	4	5	间隔数－1＝棵数
	5	6	
	3	4	

通过观察学生发现在两端都不种树的情况下，间隔数比种树棵数多1。

以上案例，教师设计了两次探究活动，第一次探究是学生亲自动手“种树”，从实践中观察植树现象，提升感性认识。第二次探究，教师用记录单为学生的探究活动提供了支架，学生通过记录实践，再次探究发现种树的棵数与间隔数之间的关系。这堂课的植树教学，教师充分相信学生的学习能力，为他们创设独立思考、自主探究的空间，使学生通过自身体验来掌握知识。如此教学，必能培养学生勤于探究的个性品质和科学素养。

案例 2：“异分母分数加减法”教学片段

教学背景：当学生通过探究算理，明确异分母分数加减法的算理之后，教师进一步引导学生探究规律，体验乐趣：

1. 算中思考，自主探索规律。

师：请同学们用 1、2、3、5、7 这几个数字编出分子是 1 的异分母分数加减法试题。

学生编题：1/2＋1/7 ，1/2－1/7 ……

师：观察这些分数有什么特点？

生 1：在同一个试题中，分子是 1，两个分数的分母互质。

师：请同学们计算这些试题，动脑思考，你在计算中能否发现什么规律？然后自己尝试验证你的发现。

生 2：我发现了这样的规律：分子是 1，分母互质的两个分数相加减，用分母相乘的积做分母，分母相加减的和或差做分子。

师：你是怎样验证你的发现的？

生 2：我用了举例的方法。

生 3：我来回答，因为两个分数的分母互质，两个数的乘积就是最小公倍数，也就是公分母，又因为分子是 1，第一个分数的分子扩大的倍数与第二个分数的分母相同，第二个分数的分子扩大的倍数与第一个分数的分母相同，所以有这样的规律。

师：他能够把刚学过的异分母分数加减法的计算方法联系起来，给我们展示了为什么会存在这样的规律，思考有深度。你能用字母来表示你发现的规律吗？

生 3：a、b 是互质数，且 $a<b$，$1/a+1/b=a+b/ab$，$1/a-1/b=b-a/ab$

师：下面进行几个口算练习，看你能否运用规律迅速得出结果。

1/9＋1/7＝　　1/7－1/9＝　　1/11＋1/3＝　　1/3－1/11＝

2. 逆向思考，拓展探究空间。

师：想一想，哪两个异分母分数相加的和是 11/30？

（　　）＋（　　）＝11/30

这一案例，在学生已经熟练掌握了异分母分数加减法的计算方法之后，教师再次为学生搭建进一步探究的平台，使学生继续经历猜想、验证、概括、抽象和明理等一系列数学活动，激活学生的思维。最后通过逆向思考，引导学生将学过的同分母分数加减法、异分母分数加减法以及本节课发现的规律有机结合起来，拓展了学生思维的空间。

在新课程理念的指导下，数学学习应该呈现多样化，现实的、有趣的、探索性的学习活动应该成为学习的主要形式之一。教师要给学生充足的参与数学学习活动的时间和空间，让学生在亲身实践中认识数学、解决问题、发现规律，理解和掌握基本的数学知识、技能和思想方法。

四、创设生活情境，提供丰富的学习信息

探究是从问题开始的，发现和提出问题是探究性学习的开端。小学数学中大部分的学习内容和需要解决的问题，都可以在生活中找到原型。在教学中，教师要创造性地使用教材，积极开发、利用多种教学资源，创设生活情境，为学生提供丰富多彩的学习信息。

新课程理念提倡数学生活化，要求教学联系生活实际，数学贴近生活才能不局限在课本中学习数学。如，教师数学课讲分数，上课就讲猴子分西瓜，这种童话式数学从 20 世纪 80 年代一直延续到现在，虽然能够激发学生的学习兴趣，但是脱离生活实际。难道不能讲小朋友在餐桌上分饼、分苹果吗？这样教学既能激发学生的学习情趣，又能使数学和学生的生活实际联系起来，这是多么好的学习材料啊！

美国一位教育专家林德曼认为，不从课程入手，而从铸造人的生活情景和经历入手，这样联系实际，学习才有趣味，才有兴趣。

高明的教师联系实际教学生思维方法，平庸的教师是啃书本的教书匠。

死啃书本的教学，学生考试可能得 100 分，可是一接触到实际的问题脑子就反应不过来了。如，学习长度单位，一千米怎样讲？不能说一千米就是一千个 1 米就行了，这样只能导致死记硬背。千米的概念要在联系生活实际中建立，只要联系了生活实际，学生就能很容易地说出：量教室、操场的长度用米，量书本用厘米，量公路、铁路就要用千米了。请看实例：

甲教师：今天复习长度单位。请看图，一个小横尺，一个皮尺。小横尺上一格一格的是厘米，比厘米还小的是毫米。一厘米等于十毫米。再看这个皮尺，比厘米大的是分米，这样的十分米等于一米。

教师板书：1 米＝10 分米，1 分米＝10 厘米，1 厘米＝10 毫米

教师：比米再大的长度单位是千米，1 千米＝1000 米。

教师：大家跟着我读：1 米＝10 分米，1 分米＝10 厘米，
1 厘米＝10 毫米，1 千米＝1000 米。

教师：复习到此结束，大家记住长度单位和进率，今后要用到。

乙教师：演示图片，请大家看图片，你能发现什么数学信息？

生 1：小朋友在用尺子量书本、同学们在教室墙面贴横幅、大哥哥在跑步、火车在铁路上跑。

教师：你说的是大家在做什么事情，这些事情和什么数学问题有关系呢？

生 1：和数字有关系。

生 2：和多少米有关系。

教师：用一个词来说，是和什么有关呢？

生 3：长度。

教师：对了！和长度有关。我们学习了长度哪些方面的知识？

生 4：长度单位的名称、长度单位之间的进率。

教师：说得好！今天我们就复习长度单位。请大家小组活动，结合老师演示的图片，翻开书本自学，然后集体交流，小组汇报的题目是：长度单位有哪些？它们的进率是怎样的？请举例说说你是怎样应用长度单位的？

第一组学生汇报交流：长度单位有毫米、厘米、分米、米、千米。它们的进率是：1 米＝10 分米，1 分米＝10 厘米，1 厘米＝10 毫米，1 千米＝1000 米。

第二组学生汇报交流：我们认为，运用长度单位要结合生活实际，测量书本、桌面等比较短的物体要用厘米，量稍长一些的物体用分米和米，人的身高是多少米多少分米多少厘米，如，李艳的身高是一米五八，就是一米五分米八厘米。要是丈量操场，就要用米，如 200 米长的跑道。要是丈量公路、铁路就要用千米了，如，从我们学校到北宫森林公园是 4 千米，北京到天津

大约是120千米。当然，要是量很小的物体就要用毫米了，毫米在我们实际生活中运用较少。

教师：你们小组汇报得真详细，谈到了怎样灵活用长度单位解决实际问题。

……

甲教师，开门见山，给学生尺子图像，上来就讲长度单位和进率，学生成为教师灌注知识的容器。学生没有探究学习、锻炼思维的机会。

乙教师，上课伊始，演示生活中与长度有关的图片，并实施启发提问：请大家看图片，你能发现什么数学信息？然后一步一步引导学生实行探究学习，学生不但复习了数学知识，更重要的是锻炼了思维，增长了能力。

从心理学理论可知，基于儿童的心理发展特点，他们的学习带有浓厚的情绪色彩，对熟悉的生活情境感到亲切、有兴趣。因此，教师要善于从学生的生活中提取数学学习素材，使他们感受到今天在课堂中学习的知识是来自于生活的，从学习的开始阶段就使学生感受到数学的价值，激发起他们学习数学的兴趣。

案例1："小数加减法"教学片段

课前教师安排学生到附近的商场、超市购物，并请学生把购物小票带到课堂，向同伴介绍自己购买的商品，同时提出问题，请大家一起帮助解决。

下图是学生A的购物小票

恒源超市
欢迎惠顾

日期	流水号		款机号
品名	单价/元	数量	金额/元
橡皮	0.8	1.00	0.8
笔记本	15.6	1.00	15.6
半圆仪	5.54	1.00	5.54
铅芯	4.4	1.00	4.4
应收	26.34元	优惠	0元
实收	30元	找零	3.66元

钱款当面核对！质量问题，凭此票退换。

学生A提出的问题是：(1)1本笔记本和1块橡皮共花多少钱？

(2)1盒铅芯比1个半圆仪少多少钱？

请同学们帮助解决这两个问题。随着学生A的提问，各个小组积极活动起来，首先列出了算式：

15.6＋0.8　　　　　　　5.54－4.4

师：看到这张购物小票，还可以提出什么问题？

学生B：我想计算一下四种物品的价钱是不是与收款机算出的价钱正好相等。

学生C：我想帮学生A验证一下售货员阿姨找的钱对不对。

随着提问，黑板上出现了不同的算式：

15.6＋0.8＋5.54＋4.4　　　　　　(15.6＋4.4)＋0.8＋5.54

30－15.6－0.8－5.54－4.4　　　　30－(15.6＋0.8＋5.54＋4.4)

师：列了这么多算式，该怎样计算呢？试着自己算一算。

课前的购物活动使学生置身于数学活动中，一张小小的购物小票，给枯燥的计算教学赋予了生活的气息，计算教学变得鲜活起来。在解决数学问题的过程中，学生亲身经历了数学知识形成的过程，实实在在地感受到了数学的应用价值。学生真切地体会到数学与日常生活的密切联系，进而激发起强烈的探索兴趣。正如数学家华罗庚所说："宇宙之大，粒子之微，火箭之速，化工之巧，地球之变，生物之谜，日用之繁，无处不用数学。"

案例2：三年级"面积和面积单位"教学片段

教师通过问题情境，使学生感受线与面的不同。

首先来"比身高"：教师让学生用一句话说说"我和××同学谁高谁矮"，学生回答后教师进一步追问：我们在比身高的时候，实际上是在比什么？再引发学生思考：老师的身高是163厘米，××同学的身高是138厘米，老师比他高多少厘米？

接着来"比面的大小"，教师说：我和××同学除了可以比较身高，还可以比较什么？谁愿意和老师比一比手掌面的大小？进而引导学生思考：我们在比手掌面的大小时，实际上比的是什么？与刚才比的一样吗？

最后，教师提问：通过两次比较活动，你想到了什么问题？

学生小结：我们在比较身高时，是在比较线段的长短；我们在比较手掌面时，是在比较手掌面的大小。

这一案例，从学生熟悉的生活情境导入，既唤醒了学生的生活经验，使学生充分感知一维线和二维面的不同，做好了一维向二维的过渡，又使学生初步感知了面的大小，为理解面积知识奠定了基础。

五、创设民主、和谐、愉快的学习氛围

小学数学教学过程既是引导学生认知的过程，也是师生情感交流的过程。

创建民主、开放、和谐、愉快的教学环境，使学生在心理放松的情况下，形成一个无拘无束的思维空间，促进学生积极思维，驰骋想象。教学中，要针对疑惑或关键性的问题展开讨论，人人都有发言的机会，开展自评、互评等活动。

案例1："除法各部分之间的关系"教学片段

教师出示题目：127÷(　　)＝5……2，让学生思考、填空。

生1：127－2＝125，125÷5＝25，应该填25。

生2：可以直接用127÷5，更简便，也能得出25。

生2的回答是教师备课时没有想到的。教师把问题抛给了学生：他直接用127÷5的方法确实简便，到底对不对呢？请大家再举几个例子来验证一下吧。

学生举例：19÷9＝2……1，39÷5＝7……4(符合)

19÷8＝2……3，28÷6＝4……4(不符合)

生3：我发现用"被除数直接除以商"去求除数的方法在有些情况下是错误的，还是应该用"(被除数－余数)÷商"去求除数，问题得到了解决。

教师进一步引导：仔细观察，什么情况下用"被除数直接除以商"去求除数的方法是正确的？什么情况下又是不正确的呢？

学生又一次陷入沉思，观察、讨论后开始汇报想法。

生4：当余数比商小的时候，可以用被除数直接除以商；当余数等于商或者比商大的时候，就不能用被除数直接除以商了。

生5：看来用"被除数直接除以商"去求除数的方法是有局限性的，在特定情况下比较简便；而用"(被除数－余数)÷商"去求除数是普遍适用的。

教师接着引导：是哪位同学提出的想法引发了我们大家的思考，让我们对除法各部分之间的关系理解得这么深刻呀？

众生：是生2。

师：让我们把热烈的掌声送给他。

上例中，生2的"意外"想法打乱了教师的教学预设，教师做出了正确的价值判断，通过引导语点拨，把学生的学习不断引向深入，不仅深化了对知识的理解，而且鼓励了学生的质疑和创新，收获了没有预设的"精彩"。教学中，教师由"不放心、不放手"转向"信任学生、鼓励尝试、提倡质疑"，由只关注"教师自己需要的答案"转向关注"学生学习过程中的生成性问题"，并相应地调整教学，充分显示了课堂教学的民主、和谐，课堂呈现出一种轻松、愉快的学习气氛。

案例 2："年、月、日"教学片段

当学到"二月既不是大月，也不是小月，是一个十分特殊的月份。它的天数有些奇怪，有的时候是 28 天，有的时候是 29 天，这是怎么回事"的时候，老师没有解释，而是设计了一个"考考老师"的活动：

教师：请大家根据手中的年历卡说年份，老师猜这年的二月是多少天。

一听要考老师，学生的劲头可足了，纷纷给老师出题。

对于学生说的每一个年份，老师都能又对又快地说出二月的天数。同学们简直不敢相信。学生将热烈的掌声送给老师。

为了激起学生的求知欲望，教师随即说：我为什么不用查看年历就能准确地判断这一年的二月有多少天呢？这里面有什么规律吗？请看：

教师出示下面的表格：

年份	二月份天数/天	判断
1989	28	平年
1900	28	平年
1991	28	平年
1992	29	闰年
1993	28	平年
1994	28	平年
1995	28	平年
1996	29	闰年
1997	28	平年
1998	28	平年
1999	28	平年
2000	29	闰年

同学们见老师猜得这么准，也想找到规律，都在认真观察着。

在老师的引导下，学生终于发现每 4 年中就出现一个闰年的规律，并通过闰年年份的观察，得出认识：

生 1：我观察到了，在一般情况下，闰年的年份一定是 4 的倍数。

教师：大家再看看书，将读书的体会与大家分享。

生 2：通过看书，我了解了在公历年份是整百年数的情况下，必须是 400 的倍数，才是闰年。

教师：你真是会学习的好孩子！

教师引导学生观察年历卡，尝试回答问题，引导学生自己发现平年和闰年的奥秘。教师点燃了学生的学习热情，激发了学生的执着追求和无限创造力。在这节课中，教师没有简单地讲述，学生也没有枯燥地记忆，学生在宽松、开放的课堂氛围中积极主动地参与、兴趣盎然地探索。

六、提高教学技艺，注重探究教学的效果

小学数学教师要完成教学任务，提高教学质量，一定要具有较强的课堂教学能力。教师应努力提高教学设计、语言表达、板书设计、指导学生操作和运用现代化教学手段等方面的专业素质。教师要以新课程理念为先导，努力提高自己的教学艺术，不断探索如何优化数学教学方式，不断提高探究式教学的实效性。

案例："生活中的负数"教学片段

教师呈现信息：

(1)某场足球比赛，中国国家队上半场进了2个球，下半场丢了2个球。

(2)学校四年级共转来25名新同学，五年级转走了10名同学。

(3)张阿姨做生意，三月份赚了6000元，四月份亏了2000元。

师：选择自己喜欢的方式把得到的数学信息准确地记录下来，关键是让别人一眼就能看明白。学生独立填表，教师巡视收集信息。

出示第一种情况(见下表)，这样记录，大家有什么看法？

足球比赛		转学情况		账目结算	
上半场	2个	四年级	25人	三月份	6000元
下半场	2个	五年级	10人	四月份	2000元

学生发现问题：

(1)都是2个球，一种是进球，一种是丢球，这样记录不能让别人看出是进2个球还是丢2个球；

(2)转学情况不明，不知是转来还是转走；

(3)账目结算不清，看不出是赚还是亏。

教师在学生发言的同时，借助手势让学生感悟进球和丢球、转来和转走、赚和亏。

师：用这种方式能区分你们说出的这些相反的意义吗？

生：不能。

师：既然不能正确区分，我们将记录填写清楚一些不就行了吗？

教师出示第二种单据：

足球比赛		转学情况		账目结算	
上半场	进 2 个	四年级	转来 25 人	三月份	赚 6000 元
下半场	丢 2 个	五年级	转走 10 人	四月份	亏 2000 元

师：请你们自己发明一种填法。

学生们各自填写自己的单据。

有的学生这样记录：

足球比赛		转学情况		账目结算	
上半场	→2 个	四年级	√25 人	三月份	☺6000 元
下半场	←2 个	五年级	×10 人	四月份	☹2000 元

师：同学们的想法都很有创意，真是“戏法人人会变，各有巧妙不同”啊！还是要“分析比较巧归纳”，面对这么多不同的记录方式，你有什么好的建议？

生 1：这样乱写不统一，不科学。能不能用一种统一的科学的符号来记录，让所有人都能看明白呢？

生 2：我同意，需要找到一种大家都懂的符号。

师：数学符号是数学的语言，是帮助我们相互交流的。请看这位同学的。

教师再出示一位学生的记录单：

足球比赛		转学情况		账目结算	
上半场	＋2 个	四年级	＋25 人	三月份	＋6000 元
下半场	－2 个	五年级	－10 人	四月份	－2000 元

师：大家看，这位同学填写的怎么样？

教师让这位同学与其他同学交流，说说自己的想法。最后，大家认可了这位同学的填写方法。

师：让我们为得到知识的真谛而鼓掌！（反馈、强化鼓励）

大家热烈鼓掌，课堂充满了学习的喜悦。

以上案例，学生采用了单纯的数据、文字加数据、图标或符号加数据以及正负数的标注形式等多种方法，充分展现了学生对问题的深入思考，学生在不断地释疑、解疑中感受到数学的乐趣。

课堂中，教师对学生呈现的有价值的资源巧妙地进行反馈，引导学生对鲜活的材料进行辨析、讨论。在教师适时的点拨和引导下，学生感悟到：需要找到一种统一的形式来区分这些相反意义的量。这时，负数的概念呼之欲出。在教师巧妙的引导下，学生们发现了知识的真谛。

第七章　指导探究技能的评价单

日期：________　任课教师：________

请您在听课后对以下各项目进行评价，在恰当等级下画“√”。

	优	良	中	差	权重
1. 教学氛围是否和谐、民主？	□	□	□	□	0.2
2. 指导方式是否生动活泼多样，适合学生？	□	□	□	□	0.1
3. 教学形式是否多样，利于实行探究学习？	□	□	□	□	0.15
4. 教师是否指导学生的猜想、实验、讨论等探究学习活动？	□	□	□	□	0.2
5. 学生是否掌握了求知的方法、技能？	□	□	□	□	0.2
6. 学生是否主动探究知识？	□	□	□	□	0.15

您还有什么意见或建议？

____

有的时候，为了使培训更容易些，还可以将评价项目定得少些，实施小步骤培训，使培训的针对性更强。经过小步骤培训后，最后再进行综合，用完整的评价项目进行评价。

第八章　微格教学教案

这里有两份微格教学的小课教案，针对指导探究技能进行训练，供读者阅读。

教案 1：认识图形

微格教学教案

科目：数学　　课题：认识图形　　训练的技能：指导探究技能　　主讲：廉丽霞

教学目标： 知识与技能：将实物与形体模具建立联系，直观认识正方体，知道它的名称并能辨认和区别这个图形。 过程与方法：通过比一比培养学生的观察能力，从而探究正方体的基本特点。 情感态度与价值观：通过动手操作，激发学生的创造兴趣，培养学生的空间观念。				
时间 （分秒）	授课行为 （导入、提问、讲解等）	应掌握的 技能要素	学生行为 （预想回答等）	教学意图
0 分 00 秒	导入：同学们，老师给你们带来了一个好朋友，（出示正方体）你们认识它吗？能叫出它的名字吗？你们想了解它吗？今天我们就来认识这个朋友	创设情境	认识； 想了解……	通过创设情境，激发学生的学习兴趣
2 分 00 秒	老师口述：同学们，老师给你们每个组都准备了一个，请组长拿出来。接下来我们就以小组为单位，大家一起看一看、摸一摸，说说你发现了什么？	指导合作	拿出学具，四人一组开始研究，研究时看一看、摸一摸、说一说	通过小组合作、学生独立探究，使学生发现正方体的基本特征
5 分 3 秒	指名汇报	引导假设 确认答案	学生拿着实物汇报自己的发现，其他学生听，可以进行补充	通过学生汇报，培养学生的口头表达能力

续表

时间（分秒）	授课行为（导入、提问、讲解等）	应掌握的技能要素	学生行为（预想回答等）	教学意图
7分00秒	教师引导学生进行探究，发现更加深入的特征： 指导学生有顺序地数一数：上下、左右、前后。（如果学生有更好的办法也行，如转着数） 请再用你们的慧眼看看这六个面，你们又能发现什么？ （板书：六个面一样大）你们能验证吗？ 可以给学生准备一张纸，让学生自己想办法，如果学生没有发现，老师可以给学生演示	演示 指导探究 确认 验证猜想 启发探寻 验证答案	学生跟着老师的引导，数一数、看一看，动手操作，得出正方体的特殊特征 学生认真听，然后观察，得出答案 6个面一样大 学生思考，然后动手操作	通过老师的引导、学生的探究，找到正方体的全部特征 通过猜想、验证，得出正方体六个面大小一样的特点 通过动手操作，验证得出的结论是正确的
11分00秒	讲解：你们看，我们通过看一看、摸一摸，知道了这个物体的面是平的，大小都一样，这是它的面的特点。我们又通过数一数得出它有6个面，（边说边贴出学习方法）那你们知道这样的图形叫什么名字吗？（学生说，老师粘图并板书）	验证答案 概括 演示	学生认真听，并跟着老师说一说 这样的图形叫正方体	通过老师的总结，使学生的猜想得到验证，并得出正方体的概念及特征 熟练记忆
13分00秒	谁来说说什么样的图形就叫正方体？请用自己觉得合适的语言概括 正方体有6个面，6个面大小一样 想一想，你学到了什么知识？	反馈 巩固 重复强化 指导反思	有六个面，大小都一样 学生用自己的话概括 知道了什么是正方体；正方体有6个面，6个面大小一样	通过反馈监控，进一步巩固正方体的概念，使学生深刻记忆

教案解读：

本节课从学生身边熟悉的实物入手，激发学生学习的兴趣；教学中充分发挥学生主体地位，让他们树立自己解决问题的意识和认识事物的能力；培养学生小组合作学习的意识，教他们学会与人合作，并能与他人交流思维的过程和结果；在教学中充分使用电教手段，调动学生学习兴趣，提高学生的学习效率。

在2分钟时，采用小组合作的方法，让学生自己发现问题，培养了学生的探究能力；

在7分钟时，让学生进行探究，进入验证答案环节，此环节大大提高了学生学习的积极性，同时，还达到了验证猜想、启发探寻的目的，为本节课的学习增加了亮点。

教案2：乘法初步认识

科目：数学　课题：乘法初步认识　训练的技能：指导探究技能　主讲：刘亚莉

教学目标：
1. 理解乘法的意义，结合实际问题写出乘法算式，掌握乘法算式的读法。
2. 经历乘法的产生、形成与发展过程，探索解决问题的方法、策略，培养解决问题的能力。
3. 形成探究意识，培养探究学习兴趣。

时间（分秒）	授课行为（讲解，提问等）	应掌握的技能要素	学生行为（预想回答等）	教学意图
0分00秒	一、创设情境，引出新知 1. 解决生活问题 (1)同学们，自上学以来，你们有没有发现在我们身上或身边存在许多数学知识呢？ 比如：我们都有2只手，2条腿；每个学习小组有4个小朋友……谁能像我这样把你发现或想到的信息说一说？（课件）	创设情境 启迪意识	是	通过创设情境，引导学生观察生活中数学，培养探究意识
00分30秒	真不错！咱们用这些信息做一个新的数学研究，大家说好不好？ (2)老师先出一个题目，请注意！看——每只手有5个手指，2只手有多少个手指？（板书：5+5=10）	提供支架 启发引导 探寻语调	每只青蛙有4条腿；每盒冰棍6元钱；每件上衣有5个扣子…… 好 10个，5+5=10	搭设支架，建立数学与生活的联系，为后继学习做铺垫 形成探究学习的积极性

续表

教学环节	授课行为 （导入、提问、讲解等）	应掌握的 技能要素	学生行为 （预想回答等）	教学意图
	(3)现在老师换题目了，注意：要吃饭了，每人用2根筷子，你们家3口人一共用几根筷子？ （板书：2+2+2=6）	演示 指导观察 探寻眼神	6根，2+2+2=6	
02分00秒	(4)同学们都是小数学家，谁能像老师这样，利用你发现的信息提个数学问题？ （板书：4+4+4+4+4=20） （板书：6+6+6=18）	启发创造 真诚信任 引导探究	生1：一只青蛙4条腿，5只青蛙多少条腿？ 4+4+4+4+4=20 生2：每盒冰棍6元，3盒冰棍多少元？ 6+6+6=18	指导观察，加深认识和理解
04分30秒	2.认识相同的加数 (1)同学们，观察这些算式，它们有什么相同的地方？ (2)算式里的加数都相同，请同学们开动脑筋给它们起个好听的名字——（板书：相同的加数） (3)上面这些算式中相同的加数分别是多少？你能读出来吗？	对比提问 指导建构 指导概括	都是加法； 都是几个数相加； 加数相同；都求总数 …… 生读数	利用问题搭设支架，帮助探究
06分30秒	反馈： 你们念得真快，可是我只记得相同的加数是7，没记住有几个7，谁能说一说？ 表达得又简单又清楚，很有创造性！（板书：5个7） (4)同桌互相说说算式是几个几相加	 实践操作 肯定语调	生： 7+7+7+7+75个7 生交流	群体沟通 指导记忆

续表

教学环节	授课行为 （导入、提问、讲解等）	应掌握的 技能要素	学生行为 （预想回答等）	教学意图
09分00秒	3. 引入新知 (1)下面，我说算式，你来写！注意听，看谁写得又快又正确(指名板演) 3个5相加；4个8相加； 追问：你检查什么呢？ 表扬：说得好，做事真是谨慎、认真啊	指导交流 指导操作 鼓励强化	学生写，自主检查 看看相同加数是不是都是5，数数是不是写了3个5相加	指导操作，探究学习 个人沟通，巡视期间个别指导
10分00秒	100个3相加 问：怎么了？ 生活中有没有这样的问题要你解决呀？ 比如：午饭每人发3个荔枝，全校485名学生一共吃了几个荔枝，这是几个3相加？是的，485个3相加，同学们把它写出来吧 是呀，你们的想法和科学家的一样，你们能猜到科学家有什么方法吗？(板书：乘法)	追问 探询 启发诱导 引导假设 形成期待 鼓励探究	有的学生不写了 生答：太多了，太难写了，太费时间了…… 485个3相加 更难了！太多了！太麻烦了！ 学生好奇；猜想乘法 ……	通过追问，深化理解 在实践操作中发现问题 启发思维，在探究中将思维引向深入
11分00秒	二、学习新知，掌握方法 1. 读写乘法算式 (1)介绍乘法符号 乘法是一种运算，和加减法一样，也有自己的运算符号，你知道吗？你怎么知道的？ (板书：×)它叫(板书：乘号)	讲解 建构新知 启发联想 确认	生若会写，符号可由生写	通过交流探究开始对新知识的学习

续表

教学环节	授课行为 （导入、提问、讲解等）	应掌握的技能要素	学生行为 （预想回答等）	教学意图
12分00秒	(2)乘法算式的读法和写法 谁知道：2＋2＋2表示的意义？ 对！2＋2＋2表示3个2相加是6，用乘法怎么表示？（板书：3×2或2×3），它们的结果与加法算式的结果相同，也是6。谁会读出这个算式？ 谁能说说乘法算式里的“2”“3”分别是加法算式里的什么数吗？	归纳概括 鼓励探究 启发诱导 引导探究	2＋2＋2表示3个2相加是6 生读……2是加法算式里的相同加数，3表示有3个2	启发思维，鼓励探究，形成意义建构 通过提问，培养分析、概括能力
14分00秒	(3)小组学习 你们4人一小组，能不能合作将黑板上的连加算式改写成乘法算式？ （课件出示学习要求：小组长组织；每人一道；写完后先互相读一读你写的乘法算式，再说说每个乘法算式里的数是加法算式的什么数）	探寻语气指导合作 演示实践操作巡视、纠正 指导交流	小组合作学习 每组选一名代表与大家交流	指导交流， 丰富认知，培养合作、表达能力
14分30秒	(4)比一比 100个3既能用加法算式表示，也能用乘法算式表示，你选择哪种方法？为什么？ 那485个3是多少？你怎么列示？	引导比较 反思方法 强化建构	100×3，简单多了，又快又简便 485×3	
16分00秒	三、巩固应用，进一步理解乘法意义 1. 谁来扮演小熊给大家出题？	运用 指导实践	我是小熊，我出题大家计算： 6个3连加；4个10连加 7乘8；9和6相乘……	实践操作检验学习效果；通过交流合作完成知识建构

续表

教学环节	授课行为 （导入、提问、讲解等）	应掌握的 技能要素	学生行为 （预想回答等）	教学意图
	2. 你认为下面哪些算式可以改写成乘法算式？改一改 3＋2＋3＋4　　5＋5＋5＋5 7＋7＋7＋2 追问：7＋7＋7＋2＝7×3＋2 行不行，为什么？ 几个加数都相同可以改写成乘法算式，这道题你这样写说明你理解了乘法的意义，能利用新知识把复杂问题变简单！是有潜力的学生啊！	扩展延伸 提升认识 分析概括 讲解 说明 强化认识 表扬鼓励	一个学生写的：7＋7＋7＋2＝7×3＋2 这样计算没错；不是每个加数都相同，不能写成一个乘法算式	通过点评，明确题目要求，培养理解和审题能力
18 分 30 秒	四、总结质疑 这节课你有什么收获？ 什么样的加法题可以写成乘法算式？ 这个问题问得好！是不是这样呢？老师不回答你，你试着在学习中自己寻找答案，找到了记得告诉老师啊！	指导反思 鼓励强化 肯定、鼓励	畅谈收获或质疑 生 1：有的加法可以用乘法计算；加数都相同的连加，列乘法算式比较简便 生 2：乘法的得数是不是也要先算加法得数才能算出来？ ……	指导反思学习，巩固提高学习水平
	这节课学完了，说说你的心情！	启发诱导	我今天学得特别轻松，乘法知识一点儿也不难！	在交流中提升学生学数学的兴趣

日期：2011 年 6 月 8 日

教案解读：

本教案的思路是：由启迪探究意识开始，逐步引导学生实施认知建构，培养学生的探究学习能力。

上课伊始，教师为学生创建了一个有利于他们主动探索的数学情境，通过创设生活情境，建立生活与数学问题的联系，启迪了学生的探究意识。

从 11 分 00 秒开始，教师利用对学生的学习指导，促进学生在探究中逐步实现乘法知识的认知建构。教师以启发性语言引导学生在一系列的学习活动中探究交流，通过积极互动、反馈，营造出积极思考的学习氛围。教师通过搭建问题支架，为学生"搭桥""铺路"，有效地引导学生开展联想、想象、推理、归纳、概括，从而顺利地实现了新知的建构。

18 分 30 秒，教师在课堂上不但为学生提供学习实践的平台，还搭建反思学习平台，积极参与学生的反思讨论，引领他们在反思学习中总结提升认识，使学生在获取学习方法和基本技能的同时，体验到学习的乐趣，真正成为学习的发现者、研究者和享受者。

第九章　指导探究技能的整合设计

一、微格教学技能整合设计概说

1. 微格教学设计的意义

教学系统是由相互联系、相互作用和相互影响的多种要素构成的，教师在备课过程中，用系统的方法对这些要素进行分析与研究，对教学实施合理的安排和计划，叫作教学设计。

教学设计是实现教学过程与教学结果的最优化的系统教育技术。教学设计对于提高教师的教学能力具有实效性。

教学设计不同于教案编写。编写教案是教学设计的重要内容，但是不等同于教学设计。教学设计的成果主要体现在教案上。教学设计是根据教学目标和教学对象的特点，组织和安排各种学习资源，使得教学过程的所有的要素都组合到一个优化的教学结构之中。

教学设计工作就是依据一定的教学理论理念对当前面临的教学进行教学设计，是用已知的教学规律去创造性地解决教学中的问题。教学设计的理论依据是系统理论和传播理论。教学设计要与教学理论相联系；教学设计要与教学法相联系；教学设计要与教学媒体相联系。教学设计的核心和关键是要有教学理论的指导，教学设计者要有与时俱进的教学理念和先进的教学思想。教学设计最终表现为教案对教学过程的预设呈现。

我国著名教育心理学家皮连生主编的《教学设计》一书中指出：教学设计将教学活动建立在系统方法的科学基础之上，使教学手段、过程成为可复制、可传授的技术程序。只要懂得相关的理论，掌握科学的方法，一般教师都可以较迅速地实际操作。因此，学习和运用教学设计的原理与技术，是促进教学工作的有效途径。(皮连生主编：《教学设计》，高等教育出版社，2009 年，第 2—3 页)

由此看来，教学设计有利于教学工作科学化，有利于教学理论与教学实践相结合，有利于教师思维能力和思维习惯的培养，最终提高教师的教学水平。

微格教学是一种小的课型的教学，北京教育学院微格教学课题组在实验的基础上认为：微格教学是一个有控制的教学实习系统，它使师范生和在职教师有可能集中解决某一特定的教学行为，并在有控制的条件下进行学习和训练。它是建筑在教育教学理论、科学方法论、视听理论和技术的基础上，系统训练教师课堂教学技能的方法。

郭友教授指出：在准备微型课时，对教学过程中相互联系的各个要素做出计划和安排，建立一个分析研究和解决问题的方法，并对预期的结果进行分析。这种用系统的方法计划微型课的过程，我们把它称之为微格教学设计。（孟宪凯主编：《微格教学基本教程》，北京师范大学出版社，1992 年，第 167 页）

实施微格教学的主要目的是培训师范生或在职教师掌握教学技能。因此，在每一项教学技能学习之后，都要通过一个简短的微型课对所学技能进行训练，把理论和实践结合起来，这就需要进行微格教学设计。

微格教学课的设计步骤与普通课堂教学设计大体相同。微格教学设计是实现教学过程与教学结果的最优化的教育技术。

微格教学是针对不同教学水平的教师开展教学技能训练和研究的教学，因此，微格教学设计就应具有不同的层次水平。

对于初参加工作的年轻教师，他们还没有教学经验，还不能熟练地将教学理论与教学实际相结合，他们的微格课就属于对教学技能“入门”“入格”的设计。

对于有一定教学经验的教师，他们设计的微格课就有研究教学的味道，他们的微格教学设计就属“破格”之类，表现出创造性教学的特点。

一个好的微格教学设计必须对教学技能有透彻的理解。如果对教学技能一知半解，就不会有高质量的微格教学设计。

总之，微格教学是教师成长的摇篮，微格教学设计技术是教师的挚友，它有利于教师的发展，对于青年教师迅速成长尤其具有重要的意义。

微格教学设计的成果主要体现在教案上，编写教案是教学设计的重要内容。写微格教学教案是教师把教学技能和知识用于教学实践的第一个动态过程，撰写教案的质量能体现出学员对教学技能的理解和运用水平。教案又是学员上角色扮演课的依据，是完成微格教学任务的保证。教案不合格，就不可能上好微格教学技能训练课。教师不可以没有教案拍脑门上课！

教学设计的实质，是对学员进行心智技能训练，然后将教学设计的成果在课堂教学中展现出来。微格教学通过简短的微型课对学员所要学的教学技能进行训练，是教学优化理论和教学实践紧密结合的体现。因此，设计微格教学课，必须把所要掌握的教学技能准确、恰当地体现在微格教案之中，这是教师上好微格课的前提条件。

2. 微格教学设计的特点

微格教学注重教学细节，具有小课型的特点，微格的课堂教学设计不同于一般大课堂的教学设计，微格教学是以教学技能训练为目的的教学，是完成微格教学技能培训的保障。

微格教学课以培训教师掌握教学技能为目的，以训练教师的“诊断”教学能力为目标，它要求把课堂教学变得更加实际，特别重视师生双方活动的两个变量的影响和变化，以促进教学。微格教学的实质是培训执教学员，使其学会运用教学技能教学生掌握知识、培养能力、提高教学质量。它重视教学诊断和诊断后采取的措施。微格教学设计有三个显著特点：

(1)微格教学是一个教学事件

微格课授课内容少，课时短，微格教学是一个完整的小的教学过程，可针对某项教学技能进行专项训练。

微格教学设计把教学一个事实、现象、概念等当作一个过程。在每一个学习事件中，都有开头和结尾，中间还有许多不同的阶段。这种小的教学过程同样有“动机—领会—获得—保持—实践—反馈”的环节。美国教育心理学家加涅把它形象地称为“学习事件”，这个教学事件过程又被分为若干阶段，每一个阶段都是一个信息加工过程，具体如图 1 所示：

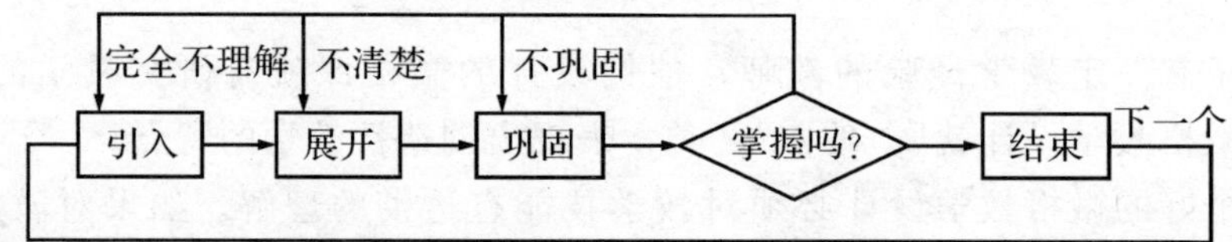

图 1　微格课程教学事件信息加工过程

“……为每一学习事件做教学计划，以便使这些事件在整个行为的学习中发挥最好的作用。在这么做的时候，我们将处理那些一般能够应用于所有学习结果的外部条件(如注意、动机、强化)，我们也将处理为每一种学习结果所必需的不同的条件。”([美]罗伯特·加涅著，傅统先、陆有诠译：《学习的条件》，人民教育出版社，1985 年，第 312—320 页)

从这一观点出发，在进行微格教学设计时，我们首先应划分学生学习一个事实等所经历的学习阶段，然后根据每一阶段的特点和所要达到的目标来设计教学活动。信息加工是学习关键，教师必须懂得如何为信息内部加工创造良好的外部条件，促进学习者内部因素发挥作用。知道这一点，就掌握了微格课堂教学的基本宗旨。

总之，微格教学课堂系统是由相互联系、相互作用的多种要素构成的。如何组织、设计一堂课，把各要素协调起来，形成一个有机的整体，并通过反馈予以完善和改进，这是微格教学备课时必须把握的关键之点。

根据微格教学的实践，主要有两种教学模拟方式，如图 2、图 3 所示：

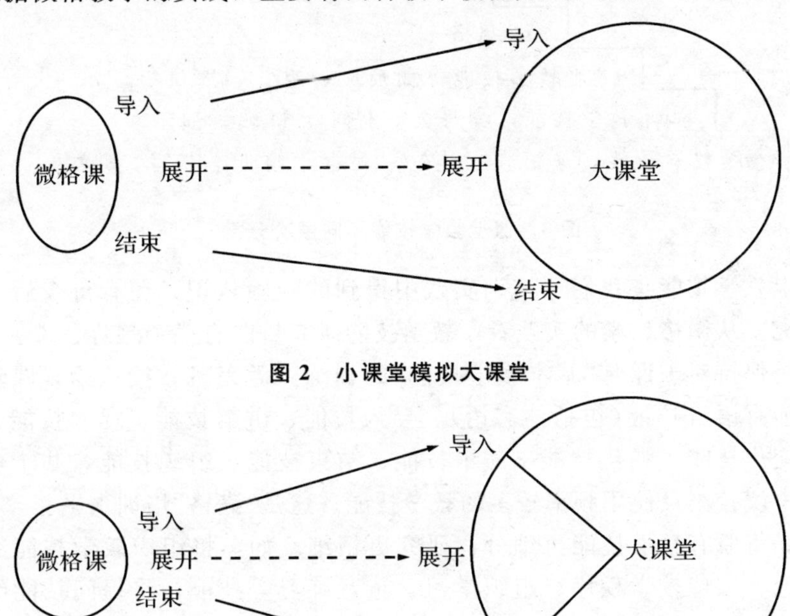

图 2　小课堂模拟大课堂

图 3　小课堂模拟教学局部

从教学实践上看，教师喜欢用小课堂模拟大课堂，尤其是做教学研究的教师，他们更倾向于用这种方式模拟教学和研究教学。

用小课堂模拟教学局部，对于参加培训教学技能的教师更适用。这种模拟，并不是简单的课堂教学的片段截取，这一点，还要参看有关微格教学的教材，本书不再赘述。

从理论上说，微格教学所设计的教学模式，无论是教师直接给予的，还是以某种方式为学生提供的，都是为了使学生的学习结果达到人类学习才能的五种标准，即智力技能、认知策略、语言信息、活动技能和态度。根据新课程改革的精神，我们同样将这个教学事件的教学目标设定为三维的：认知的，方法过程的，情感、态度、价值观的。

(2)教学技能训练具有层次性

微格教学课堂旨在训练教师掌握教学技能。从培训实践中观察，这些技能可以分为一般教学技能、基本教学技能和综合教学技能三个层次水平。如图4所示：

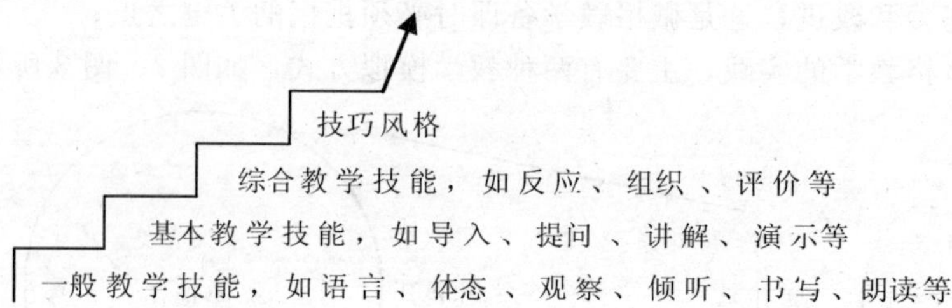

图4　课堂教学技能不同层次分类

以上教学技能是我们从培训实践中得到的经验认识，还有待今后逐步完善和研究。从微格教学的实践看，教学技能研究目前有三个趋势：

一是保持对于课堂“基本教学技能”的训练。孟宪凯教授认为，课堂基本教学技能有语言技能(包括体态语)、导入技能、讲解技能、提问技能、板书技能、变化技能、强化技能、演示技能、结束技能、组织技能，共十项。这是目前争议较小且使用频率较多的教学技能。这是“满格”培训水平。

二是将原有教学技能再细分，研究更精细。如，将组织教学技能细分为组织讨论、维持教学秩序、组织学习、布置练习等技能，将提问技能细分为追问、反问、设问、探询等技能，将体态语言技能细分为眼神、面部表情、手势、体态、站位等技能，将演示技能细分为板书、板画、课件演示、操作演示等技能。从目前微格教学的培训实践看，这些技能都融合在不同的教学技能之中，没有专门的训练项目，靠教师平日里心领神会，自行揣摩。这是进入教师行业的“入门”水平。

三是为了更贴近教学需求，加强教学技能整合的综合性，如学习指导技能、思维训练技能、引导感悟技能、鼓励创见技能等便包含有多项教学技能的整合。这些教学技能对于教师落实新课程理念更实用，教师也更乐于接受。根据教学的需求，教师们对教学技能的分类不断提出新的要求，如，要求指导教师开发、培训“指导探究技能”，与学生进行互动的“沟通技能”，等等。当然，这些技能也同样能够融合在不同的基本教学技能当中进行培训，但是，这些技能对于实施新课程有很大优势，教师们喜欢这些教学技能。所以，微格教学培训必须重视对这些技能的研究，这是当代教学实际所必需的。由于这些技能涵盖的面比较大，综合性较强，所以称之为综合性教学技能。这是成熟教师要达到的“破格”水平，他们已经走上研究教学的道路，他们的教学正逐步具有娴熟的技巧，将要形成富有自己个性特征的教学风格。

以上认识均反映在《走进微格教学》(王凤桐、陈宝玉编著：首都师范大学出版社，2010 年)一书第六章的教学技能训练纲要中，内中包括一般教学技能、基本教学技能和综合性教学技能，共介绍了 24 项教学技能。

无论何种层次水平的教学技能，在教学技能培训中，为了更加规范和便于操作，教师必须掌握每项技能的定义、要素和类型，还要使学习者知道教学技能的功能、运用策略和评价标准。

(3)教学技能的自动化形成需要一定的阶段

根据微格教学培训操作实践，教学技能的自动化形成一般经历"识、能、智"三大阶段。"识"是第一动态过程，是内隐的心智活动阶段。"能"是第二动态过程，是外显的活动阶段。"智"是技能自如阶段，是要通过反复探究，演练才能实现的高水平的教学阶段。如图 5 所示：

识：知识(入格)	能：操作(合格)	智：策略(破格)
陈述性知识： 技能的定义、功能、要素、类型、使用策略	程序性知识： 技能的要素(结构)和类型的实践操作	策略性知识： 实施技能的策略、监控技能实施的效果、向技艺发展

图 5　教学技能自动化形成的三个阶段

识：建构技能知识的学习阶段。主要是了解、理解教学技能的定义、功能、要素、类型、运用策略，这是陈述性知识的教学层次，属"入格"阶段。学习者主要是心智技能操作，是教师的内隐行为，表现出来的是教学设计和教案撰写。

这里强调一点，学员撰写教案后，指导教师通过审阅、指导，可以答疑解难，辅导学员理解教学内容，预想学生的学习行为，进一步帮助学员理解教学技能，并将教学技能与教学实际紧密地结合起来。

能：实施教学技能的阶段。"能"是教学技能在课堂教学中的操作、实施。其关键是要进行课堂教学记录，这是微格教学成功的关键，也是微格教学的重要特色。教师要能成功地进行角色扮演，将教学技能运用于教学实际，这是程序性知识的教学层次，属运用教学技能是否"合格"的阶段。

在这一阶段，指导教师要察看学员的教案准备情况，尤其要看学员是否有微格教案，有的学员图省事，按照常规教学写教案，这是不合要求的。此外，指导教师还要准备记录设备，没有教学实录的教学不是合格的微格教学。指导教师听课做记录和讲评课必须以学员的微格教案和课堂录像为凭据，不能脱离教学技能培训的要求妄言，那样，容易造成学员精神不集中，纠正教学行为时精力分散，学习效果差。

智：教学技能策略的运用和监控阶段。"智"是运用教学技能的策略进行教学，这时，学员进入主动学习、控制自己的教学技能的学习阶段，这是策略性知识的教学层次，表现出学员的教学智慧性特点，属于“破格”阶段。

下面以提问技能和指导探究技能为例，对“识”“能”“智”三个阶段加以说明。如图 6、图 7 所示。

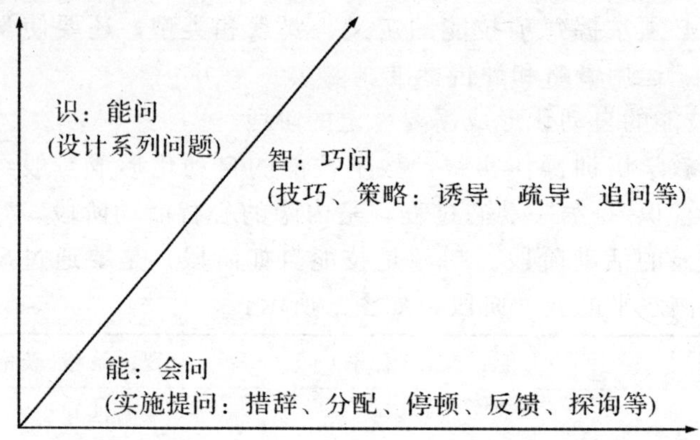

图 6　提问技能“识”“能”“智”三大阶段

“识”要求教师用新的课程理念设计教学。“能”要求在教学中加强对提问技能的训练，使学员熟练地掌握并运用提问技能。“智”则要求向技艺发展，勇于研究创新。教师要由能问走向会问，再走向巧问。这时，教学趋向于向技巧风格发展，展现出教学的智慧性风采。

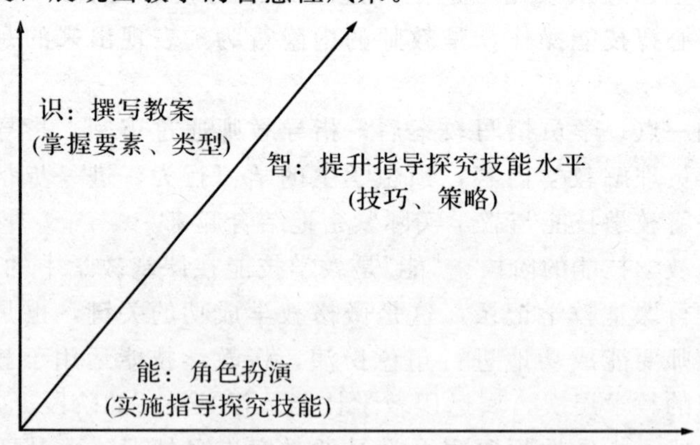

图 7　指导探究技能“识”“能”“智”三大阶段

“识”要求教师掌握指导探究技能的要素、类型，能够撰写合格的微格教案。“能”是指教师在微格课中进行角色扮演，将指导探究技能运用于真实的课堂教学之中。“智”是指教师运用教学策略，将指导探究技能的使用向更高水平发展，达到教学技艺水准。

(4)微格教学技能培训的两个目标

微格教学技能培训要达到两个目标：一个是被培训者应该掌握的教学技能目标，一个是被培训者在微格教学课堂中通过技能运用要达到的课堂教学目标。

孟宪凯教授曾指出：教学技能是实现教学目标的手段，教学目标达到的程度是对教学技能运用水平的检验和体现，两者互相联系，相互依存。前者是手段，后者是目的。(孟宪凯主编：《微格教学基本教程》北京师范大学出版社，1992 年，第 167 页)

从表面来看，进行微格教学的教学设计是让被培训者实践所学的教学技能，逐渐熟练地掌握各种教学技能。但实际上，无论是导入的技能、讲解的技能、变化的技能，还是提问的技能以及其他技能，都是运用这些方法激发学生的学习动机，促进学生思维，使学生掌握知识和巩固知识。也就是通过这些技能的运用，推动学习者的认知建构，不断提高学习者的学习质量。

学生的行为反映了教学技能运用的效果。训练教师掌握教学技能，主要是作用于学生。所以既要关注教师的行为，还要关注学生的行为。因为学生的表现才能反映教师技能的熟练度和有效度。教师心中始终要有学生。

微格教学模拟的课堂，是通过简短的微型课，对学员的教学技能进行训练，必须把所要掌握的技能恰当地、真实地运用到教学之中，最终实现教学目标。所以说，微格教学不是耍花架子，它具有教学实效性，这是做好微格教学的关键之点。

(5)细节体现教学智慧

做任何事情都要关注细节，细节决定成败。古语“不积跬步，无以至千里；不积细流，无以成江海”说的就是这个道理。

课堂教学也同样需要关注教学细节，教学细节指细小的教学环节或一个小的教学情节。利用微格教学知识培训教学技能，实际上就是对教学细节进行科学剖析，并培养教师把握教学细节的能力。美国教育研究专家盖奇认为：“教学研究的全盘宏观方法已遭失败，因而教育家应采用科学家剖析分子的方法来理解复杂的教育现象。”(邓金主编：《培格曼最新国际教师百科全书》，学苑出版社，1989 年，第 620 页)

人类对自然界的研究就是从宏观向微观逐步扩展延伸的，如生物研究领域的门、纲、目、科的细分，物理学对分子、原子、中子、质子不断细分的研究，等等。我国著名科学家钱学森曾说：“还原论的方法，即培根的科学研究哲学。这个方法是把一个问题进行分解，如果觉得还太大，再分解，一点一点地分解下去，直到问题解决。对于认识客观世界的许多深层次的问题，

是需要这样解决的。”(孟宪凯主编:《微格教学基本教程》,北京师范大学出版社,1992 年,第 21 页)

从数学课堂教学实际看,只有关注每个教学细节,才能将教学技能的运用落到实处,收到良好的培训效果。

举例如下:

教师:同学们好!现在上课。下面我们做个文字游戏,大家注意体会你是怎样思考问题的。

教师在黑板上写“二”字(演示),教师环顾(分配)全班学生,问:“这个字念什么?”(肯定)全体学生答“二”。教师(反馈)说“是的”。然后指着“二”问:“‘二’字上加一横,又念什么?”(确认)全体学生说:“念‘三’。”

教师将“三”字擦去一横,说:“这是原来的‘二’,我不添加一横了,现在我去掉一横,”说着,将“二”字擦掉一横,问:“现在念几?”(确认)全体学生答:“念‘一’。”

教师:上课开始时我提示大家做什么?(回忆)生 1:老师提醒我们要关注这个游戏是怎样引领我们思考问题的。教师:说得好!有没有谁已经考虑成熟了?(探询)生 2:这个游戏反映了顺向思考和逆向思考。

教师:他说得怎么样,大家同意吗?学生(全体):同意。教师:这位同学回答得很全面,正反两个思维方式都想到了。这样的思维方式对我们解决数学问题特别有帮助,希望大家牢牢记住。

……

从这段教学实录中,我们可以看出该教师提出了肯定、确认、回忆、探询等类型的问题,运用提问技能引导学生探索游戏的思维特点,并且规范、准确地使用了措辞、焦点化、分配、停顿、反馈等提问技能要素。这是对提问技能进行的顺承式的系统观察。

那么,从教学点上观察教师的提问技能呢?再来看该教学实录的第二小段:

教师在黑板上写“二”字(演示),教师环顾(分配)全班学生,问:“这个字念什么?”(肯定)全体学生答“二”。教师(反馈)说“是的”。然后指着“二”问:“‘二’字上加一横,又念什么?”(确认)全体学生说:“念‘三’。”

教师在黑板上写“二”字,这是教师运用演示技能呈现教学内容。教师环顾全班学生,问:“这个字念什么?”这是教师将问题分配给全班学生。学生回答后,教师又问:“‘二’字上加一横,又念什么?”这里教师有提问反馈,教师对学生的回答首先进行肯定,然后扩展延伸,继续运用演示技能帮助提问。

仅这样一个教学点就涉及了多个教学行为要素,可以看出该教师对提问技能运用得还是比较熟练的。

如果从指导探究技能上看，该教师在第一小段提示学生：下面我们做个文字游戏，大家注意体会你是怎样思考问题的。这里教师运用的是启迪学生探究意识的行为要素。第二、三、四小段，教师通过多种手段引导学生进入探究活动，得出在游戏活动中有“顺”“逆”两个思维方式的认识。第五小段，教师利用反馈，巩固强化了学生的认识。这些都是对指导探究技能要素的准确运用。

从课堂教学实际看，教师要关注的教学细节有很多。教师要时刻聚精会神地关注自己的教学细节，在纷繁复杂的教学情境中，凭借自己的知识、经验，运用自己的教学智慧，灵活机动地实施教学，只有这样才能很好地完成预设的课堂教学任务。

依据微格教学的理论，教师在课堂上要掌握教学语言、组织教学、讲解、提问、演示、板书、变化、强化、导入、结束等基本教学技能。从指导探究技能的教学实践中，我们归纳出需要关注的教学细节有：语言表达细节、课堂组织细节、课堂观察细节、创设情境细节、搭建思维支架细节、互动思维生成细节、鼓励强化细节、合作交流细节、讲解建构细节、演示呈现细节、解疑答疑细节、反馈矫正细节，等等。将这些教学细节在指导探究技能中有机整合，才能较好地指导学生实现探究性学习，如图 8 所示。

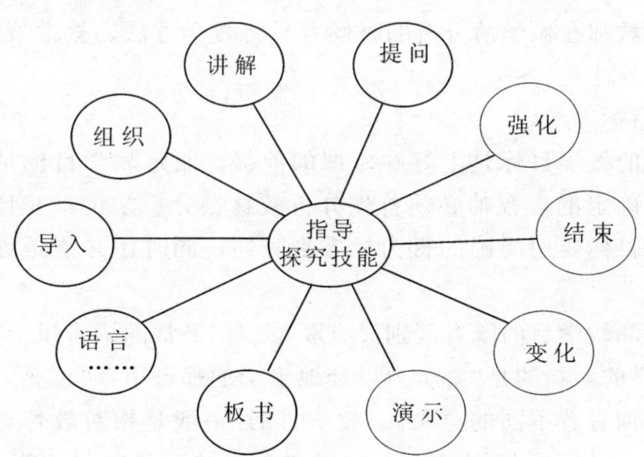

图 8　指导探究技能教学细节整合图示

这些教学细节互相配合、支撑，实现对指导探究技能的整合，最终完成指导探究技能的教学任务。

3. 微格教学设计的步骤

微格教学设计不仅仅是进行教案编写，微格教学设计与一般教学设计的步骤大体一致，是在理解教材，掌握教学大纲、教学法、教学理论的基础上实施教学设计。教学设计内容主要有：教材分析、学情分析、教学目标、教学重点和难点、教学理念、教学策略、教学媒体、板书设计、教案编写、教学评价十项内容。

(1)教材分析

教育目标主要通过课程实施来体现，教材分析就是钻研教学大纲、课程标准，教科书以及阅读有关资料。教师要明了本课教材在教学单元中的任务和特点，理解教材内容，明确教学要求。教材分析和确立教学目标相关。教材分析透彻，有利于确定教学重点和难点，规划课堂练习，布置作业。教材分析和学情分析、教学方法、教学策略不要混为一谈。

(2)学情分析

学生是教师施教的对象，是学习的主体。教师要了解自己的教学对象，了解学生的年龄、心理和认知特点，包括学生的学习兴趣等。同时，教师要分析学生原有的知识基础，对新旧知识接受的程度及其最近发展区。教师还要确认学生的学习技能水平，做到因材施教，保证教学技能训练的科学性。教学经验少的教师在做学情分析的时候容易将教学方法、教学策略掺杂其中，这一点需要格外注意。

(3)确定目标

制定准确的教学目标是上好一堂课的前提。制定教学目标是在教学背景分析的基础上确定的，教师必须首先分析教材、分析学情，并且掌握教学大纲精神。教学目标要用明确的行为标准来陈述，同时还必须是可观察和可操作的。

教学目标和教学目的既有区别又有联系。在平常的语言里，“目的”和“目标”几乎是同义的，指的是“要全力以赴地去干的那件事”。但是，在教育专业术语中，两个词有着不同的意义。“教学目的”一般是指对教育意图的总的说明或概括。教学目标则是用来思考学生在学习结束的时候应当能够做什么，表现的是一种行为方式，这样的目标有助于对学生的学习效果进行精确的评定。

例如，“认识图形”一课：

教学目的：学习认识图形，发展空间观念。

教学目标：

1. 知识与技能：建立实物与形体模具的联系，直观认识正方体，知道它的名称并能辨认和区别这个图形。

2. 过程与方法：通过比一比等活动培养学生的观察能力和探究正方体基本特点的能力。

3. 情感态度与价值观：通过动手操作，激发创造兴趣，发展学生的空间观念。

对于教学目标的制定，影响较大的是美国教育学家布鲁姆的教学目标分类学。此外，还有许多其他的分类方法，莫衷一是，至今未有定论。目前，教师都在尝试按照新课程标准，考虑三维目标的制定。

制定微格课堂的教学目标又有固有的特点，下面的制定微格教学教案的要求中还会涉及。

(4)确定教学重点和难点

教学重点是根据教材的教学要求确定的，确定教学重点能够反映教师对教材的理解程度。教学难点是根据学生在完成教学要求时的能力情况确定的。确定教学难点能够反映教师对学生的了解程度，判断教师是否能够结合学生实际进行教学。有的时候教学重点也是教学难点，有的时候教学难点不一定是教学重点。

(5)确立理论依据、理念

微格教学设计的核心和关键是要有教学理论的指导。教学设计者要有与时俱进的教学理念和先进的教学思想。

微格教学设计虽然是对教学技能的训练，但是，教师学员不能盲目地、机械地练习教学技能，不能简单地、呆板地进行技能操作，他们必须用脑思考：我为什么这样做？怎样做得更好？他们要做研究型教师，这对教师提高业务水平是十分有益的。

比如，做微格课的教师要思考：本节微格教学课的技能训练的指导思想是什么？培训教学技能的要素是什么？用什么教学理念指导上课？等等。

教师的理论知识储备可以开列很多，如，教育学理论、思维学理论、教学信息论、教育心理学理论、学习心理学、智育心理学、教学论、学科教学论、学科教学法、教学技能著述，还有新课程标准、教学大纲及教学权威著述、教学研究资料，等等。

有的教师嫌麻烦，不愿意考虑太多，认为教学设计听指导教师的就行了，这是学习自主性的缺失，对教师本人高效掌握教学技能无益。实践证明，凡是在技能训练中肯动脑筋研究教学的教师学员，学习效率更高，学习效果更好。

(6)选择教学策略

教学策略是实现教学目标的手段，通俗地说是教学方法。但是策略又不完全是方法，有的策略具有很高的概括性和智慧性，如抗日战争中，毛泽东提出的“反对日本帝国主义的策略”，这个策略就很大，这需要高瞻远瞩的大智慧；战争中的局部战役所实行的策略就相对较小，如孟良崮战役、上党战役；战斗中射击、投弹、炸碉堡的策略就更小，就属于方式、方法了。

教学策略有不同的层次。比如教学设计，它包括理念、方法、步骤、模式等内容，这种策略是对学科教学的宏观把握。

中观的策略，是指课堂教学某个阶段用何种教学方式实现何种教学理念、教学意图或教学任务。如在进入课题阶段、教学展开阶段、教学结束阶段、教师都要有不同的策略安排。

微观的策略，如导入策略、讲解策略、提问策略、演示策略等，这是对课堂教学活动细节的把握。

教学策略属于教学智慧，是教师心智技能的高层次表现。策略高明的教师，教学水平就高。所以教师学员要仔细阅读有关运用教学技能策略的知识，重视对教学技能使用策略的运用。

(7)选择教学媒体

选择教学媒体属于教育技术的运用，对教师素质的要求是全方位的。教师既要掌握媒体理论，如媒体分类、媒体功能、媒体特点及其运用意义等，又要掌握媒体操作技术，如熟悉声像的、实物的、图像的、静态的、动态的等媒体演示类型，同时还要精通演示设计，如教材、媒体、学生、教师的整合优化。

(8)板书设计

板书是提高教学效果的手段，是教学内容、教学思路的反映，是教师与学生双向信息交流的桥梁。板书是衡量教师教学水平的标志之一。由于电脑辅助教学的运用，教师板书并不局限于用手书写，很多教师采用课件演示教学思路，并和学生进行信息交流互动，这样往往更省时省力。

(9)教案编写

撰写微格教案是教师对教学过程的预设。微格教学过程反映在微格教学教案之中，编写微格教学教案是教师把教学技能和知识用于教学实践的第一个动态过程，所写教案的质量能够体现出学员对教学技能的理解和运用水平。教案又是学员上好角色扮演课的依据，是完成教学任务的保证。教案不合格，就不可能上好微格教学技能训练课。本书将微格教案编写单列一个题目进行详细说明(见“微格教学教案编写”部分)，此处不再赘述。

(10)教学评价

微格教学技能训练的教材，都提供有教学技能评价项目，用来评价技能训练水平。如果是进行专项的教学技能培训，微格教学设计者就要使用指导教师提供的教学技能教材评价项目单进行评价。

北京教育学院组编的教学技能培训教材提供的技能评价表有四个等级：优，良，中，差。2007 年，孟宪凯主编的微格教学技能培训教材，提供的教学技能评价等级为：好、较好、一般、待努力。虽然评价等级的措辞有变化，但仍然是四个等级。根据培训不同的阶段和培训目的的不同，评价项目的权重可以适当调整。如讲解技能，为了改变传统教师讲、学生听的传统方式，可以将教师讲解之前的探查权重值调高，以突出讲解的针对性，避免教师盲目的讲解。

又如指导探究技能，如果教师总是指导、指导、再指导，学生仅仅是被动地接受指导，那就等于是变相地讲解，或是教师运用提问设套让学生钻，通过注入方法，使学生成为容器而得到灌输的知识，这不是真正意义上的探究学习。因为教师将咀嚼过的东西喂给学生，学生的探究能力无法得到真正的提高。叶圣陶先生的“教是为了不教”说的就是这个道理。所以，评价教师的指导探究技能，就可以将教师创设学习情境、放手让学生运用预想、假设等方式自己提出需要探究的问题和探究方法这一项目的权重分值调高，以此来评价讲师指导探究学习的水平，引导教师通过指导探究技能的训练，真正提高指导学生探究学习的能力。

另外，如果教师是利用微格教学进行教学研究，则微格教学设计者可以根据自己的研究目的，自拟课堂评价表进行对微格教学的评价。

4. 微格教学教案编写

微格教案要体现出教学细节的情境设计，内容不宜宽泛。教学细节浓缩着教师教学智慧的精华，教学细节让课堂更精彩。

微格教学教案应在表头注明学科、课题、训练技能、培训教师、时间、教案的具体内容则应包括教学目标、授课行为、应掌握的技能要素、学生行为、教学意图五项内容。请看教案格式：

微格教学教案

科目：　　　　课题：　　　　训练的技能：　　　　　　教师：

教学目标：				
教学环节	授课行为（导入、提问、讲解等）	应掌握的技能要素	学生行为（预想回答等）	教学意图
00 分 00 秒				

日期：　　　　　年　　月　　日

(1)教学目标

微格教学目标要具体、明确。年轻教师在制定教学目标时最大的困难是不能深入地钻研教材，教学目的不明确，不能制定具体而准确的教学目标。制定教学目标，首先要考虑围绕微格教学课所选择的教学内容，针对性要强。

在微格教学指导的实践中，我们发现年轻教师在制定教学目标时容易犯两个毛病：一是目标定得大，盲目地照抄参考书，不顾微格课堂教学的实际情况；二是具体明确的教学目标制定不出来，只能设定含糊、笼统的教学目标。

指导教师必须对教学目标的制定给予具体的指导，帮助年轻教师理解教学大纲，帮助他们深入钻研教材，引导他们将一课的教学总目标化解成微格教学课的具体目标。所以说，理解和钻研教材是制定教学目标的关键。

请看两位教师编写"认识图形"一课的微格教学教案。他们练习的是导入技能，两人制定的教学目标如下：

甲教师制定的教学目标：1. 产生对本课的学习兴趣；2. 了解不同图形的特点。

乙教师制定的教学目标：1. 产生对本课的学习兴趣；2. 知道本课的学习目标。

甲教师制定的教学目标其实是针对全课内容的，对于练习导入技能的教案来讲，制定的目标显然过大。乙教师制定的教学目标是针对微格教学训练导入技能的。应该说，乙教师制定的教学目标是准确的。

另外，制定微格教学目标还必须考虑学生实际，要结合学生的学习水平制定教学目标。

(2)时间分配

微格教学以 0 分 0 秒开始计时，它的课堂教学每一步都以分、秒计时，如0分5秒、0分25秒、1分15秒、5分08秒，等等，顺承式撰写，不必累加。这样具体的规定，可以增强培训教师的时空感知能力，逐步形成教学直觉，从而自动化地控制课堂教学各个环节的进程。实践证明，经过微格教学训练的教师，对上课时间掌握得都比较准确。

(3)授课行为

教师的授课行为又称教师的教学行为，包括讲授、演示、板书等若干教学活动，这是一个有顺序、有步骤的教学过程。微格教学课的时间短，教学内容少，必须把教学过程的每一步写清楚，这样便于教师(学员)查阅和使用，更利于教师熟记教学细节，形成心智程序，集中精力练好教学技能。需要指出的是，教师的教学行为要事先经过周密的预想，它与学生行为(预想回答)这一栏相呼应，从而使教师的教案更具有可行性。凡事预则立，不预则废。年轻教师由于缺乏经验，在备课时对课堂教学往往没有预见性，缺少应变措施，这需要指导教师点拨、提醒，帮助他们制定一些应对课堂变化的预案。

(4)授课技能

因为微格教学模拟课堂练习的是教学技能，所以教师必须明确自己练习的是何种技能，以及要怎样练习，这是微格教学课成功的关键。虽然微格课堂教学规模小，但也是复杂的真实课堂教学。教师的教学行为是多方面的，教师必须知道自己所要练习的教学技能的要素(结构)和类型，并将它们明确地反映在教案中。这是微格教学训练的重点，也是难点。学员过了这一关，就初步掌握了教学技能。

如训练提问技能，虽然教师的授课行为有多种技能，可是，只需要把提问技能的要素如措辞、焦点化、分配、停顿、反馈，以及提问类型，如确认、解释、分析、综合等写在授课技能这一栏目中即可。提问技能类型与要素关系如图9所示：

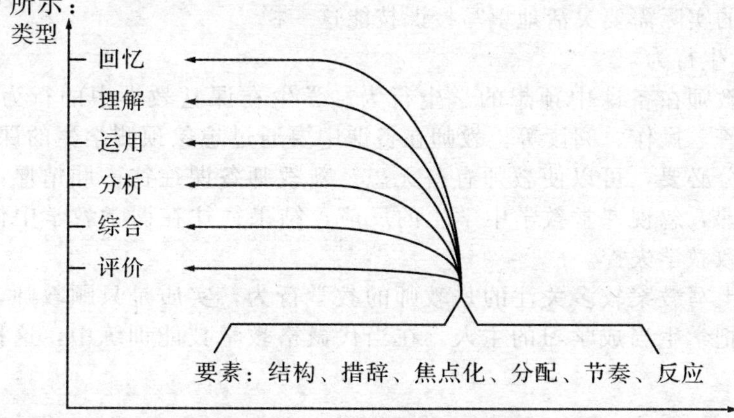

图9　提问技能要素与类型关系

教案举例：

微格教学教案

科目：数学　　课题：认识图形　　训练的技能：技问技能　　主讲：刘亚丽

教学目标：（略）				
时间（分秒）	授课行为（讲解、提问等内容）	应掌握的技能要素	学生行为（预想回答等）	教学意图（媒体准备）
00 分 00 秒	上课！ 演示图片：尖形屋顶的房子 同学们，请观察，这个房屋的屋顶是什么形状的？ 这是什么图形？ 你怎么知道的？	演示 确认 反馈追问 分析 表扬	 是尖形的 三角形	 观察思考 通过反馈追问引导学生寻找合适的答案
02 分 30 秒	说得不错，大家学习过三角形的知识吗？ 板书：三角形 这节课，让我们运用大家的智慧，一起来探究三角形的有关知识	探询 板演 形成期待	没有学过	强化鼓励 导入教学

日期：2014 年 12 月 8 日

说明：上例教案，教师使用了确认、追问、分析等提问类型，提问要素有反馈、探询、分配、表扬鼓励等提问要素。根据培训实践，提问要素主要表现在课堂实际操作中，教案并不能完全表现出来。

练习任何技能都不必面面俱到，把所有的要素都写全，而是要灵活变通，根据教学的实际需要灵活地填写授课技能这一栏。

(5)学生行为

这是教师在备课中预想的学生行为。学生在课堂教学中的行为有观察、回忆、解答、操作、阅读等。教师在备课中要通过想象预测学生的课堂行为，这一点十分必要，可以使教师有备无患。新教师备课往往一厢情愿，只顾自己怎样讲课，忽视课堂教学中学生的反应，结果往往在课堂教学中偏离教学目标，导致教学失控。

传统上写教案较多关注的是教师的教学行为，实质是只顾教师，不管学生，没有把学生当成学习的主人。在当代微格教学技能训练中，这种状况必须改变。

案例1：

师：要围成一个三角形，需要几条线段？

生：三条。

师：老师有一条16厘米长的线段，把它剪成三段，分成了3厘米、4厘米和9厘米，请问能围成三角形吗？

生：不能。

师：是不是只要有三条线段，就一定能围成三角形呢？

生：不一定。

师：什么情况下能围成？

生：两条短边的和大于长边的就能围成。

师：对了，这部分知识，我们不能光举数字，还要用字母表示出来，你们会表示吗？

生：三条线段是a、b、c，$a+b>c$。

师：你说得太片面，不全面，还应该有$b+c>a$，$a+c>b$。这样表示出来就全面了。如果用一句话概括，怎么说？

生不语。

师：我告诉大家，一定要记住：任意两边的和大于第三边。（板书）

案例2：

师：要围成一个三角形，需要几条线段？

生：三条。

师：我给每位同学带来了一条形纸片，可看成是一条16厘米长的线段，怎么围成三角形？

生：可以把它剪成三段。

师：好呀！把它剪成三条线段，看能不能恰好围成一个三角形。（学生动手操作，教师巡视）

生1：我把16厘米的线段分成了3厘米、6厘米和7厘米，最后围成了三角形。

生2：不一定，我的就没有围成。（让该生展示给大家）

师：（若有所思，同时把两只手臂合在一起）看来意见不统一。这可就怪了，都是由16厘米的线段上剪下来的三段，只是长短不同，为什么有的时候能围成三角形，有的时候就围不成呢？大家讨论一下。

学生的讨论结果：

能围成			不能围成		
4	7	5	2	3	11
5	6	5	3	5	8
2	7	7	3	4	9

师：大家真了不起！谁能用数学符号表示这个规律呢？

生1：三条线段，它们的长度分别是a、b 、c，$a+b>c$ ，就能围成三角形。

生2：我补充，仅具有这一组关系还不行。像3，4，9这一组，如果a，b是4和9呢？那它们相加也大于3呀，可是围不成三角形。

生3：我同意他的说法，除了具备刚才说的那一组$a+b>c$，还应该有$b+c>a$，$a+c>b$。

师：对，只有同时满足这三个条件才能围成三角形。那谁能总结一下三角形三条边之间具有什么关系？

生：任意两边的和大于第三边。（教师板书）

师：好！语言简练，概括得不错。（强化认识）

案例1，教师的教学没有引导学生积极思维，而是由教师进行注入式讲解，完成对知识的教学。案例2，教师引导学生积极探究，最后得到学习的结果，这样的教学，学生才能真正掌握知识，提高能力。

(6)教学意图

微格教学之初，此栏在教案中是把使用的视听材料注明，以便课前做好准备。教师的板书内容也要在此栏注明。随着微格教学的发展，教师更喜欢填写教学意图这一栏目。栏目中可以注明教学体现的教学理念，呈现教学策略、教学方法的运用，尤其要注明运用教学技能要素的目的。这样做使得教师运用教学技能的情况一目了然，便于指导教师了解学员运用教学技能的水平。

5. 微格教学设计各项要素的对应关系

微格教学设计关注各子项要素的对应关系，具体如下页图10所示。

结合微格教学教案说课单，可以归纳出微格教学教案的设计主要突出以下几点：

①教学目标与教材分析和学情分析对应。

②教学重点与教材分析相关，教学难点与学情分析相关。

③突出教学理念与教学理论指导教学的主旨。选择的教学理念要符合课程改革精神，教学理念要体现教师当前的教学研究方向。

④选择的教学策略要与教学目标、教学理念对应。

⑤教学要素与教学意图对应。

⑥教学反思抓住组织教学细节的亮点。（教学细节的亮点主要指教师教学的细节创新点和学生表现出色的效果点）

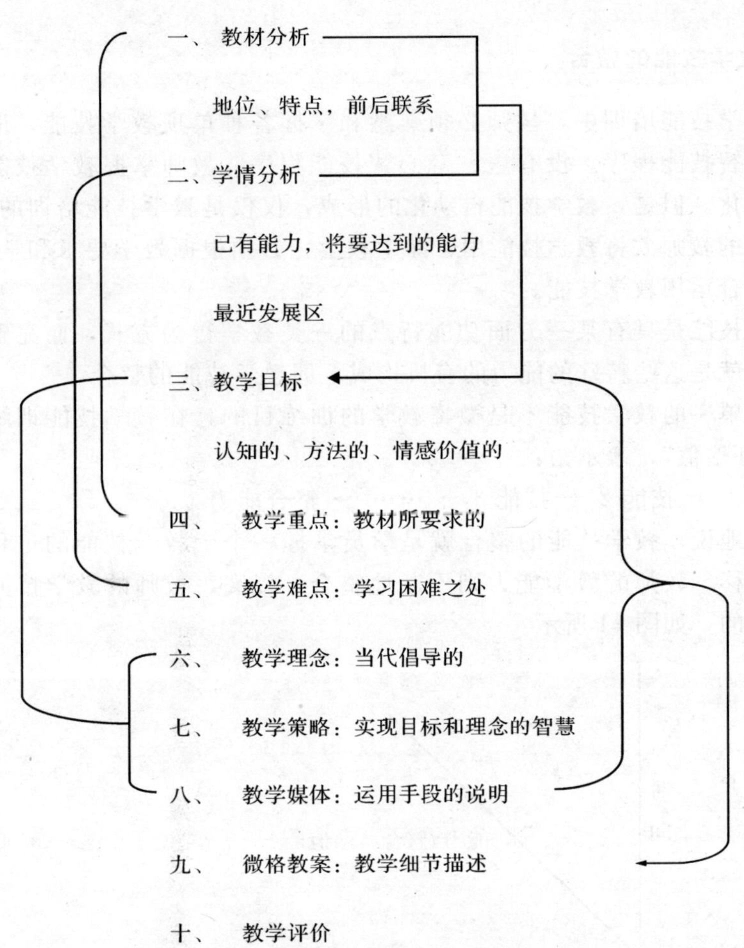

图 10　微格教学设计各子项对应关系示意图

微格教学教案说课单

科目：　　　　课题：　　　　训练的技能：　　　　主讲：

教学目标：				
教学环节	授课行为 （导入、提问、讲解等）	应掌握的 技能要素	学生行为 （预想、回答等）	教学意图
00 分 00 秒				

日期：　　　年　　　月　　　日

6. 教学技能的整合

在教学技能培训中，教师必须熟悉和掌握各种单项教学技能，形成一套完整的心智技能程序。没有这一套心智技能程序，教师掌握教学技能就不能形成自动化。但是，教学技能自动化的形成，仅仅是教学技能培训的第一步，接受培训的教师欲将教学技能用于课堂教学，必须根据教学要求和学生实际，灵活地综合运用教学技能。

教学技能是具有某一方面功能特点的一类教学行为方式，而完整的课堂教学能力就是这些特殊的能力的有机构成，即教学技能的整合。

掌握单一的教学技能不是微格教学的训练目的，在教学技能训练中必须实现“循环增值”，表示为：

技能 1 ＋ 技能 2 ＋ 技能 3 ＋ …… → 整合能力

具体地说，教学技能的整合就是学员掌握一个个教学技能的过程，随着时间的推移，教师的教学能力则不断地整合、提高，教师的教学技能训练是循环增值的，如图 11 所示：

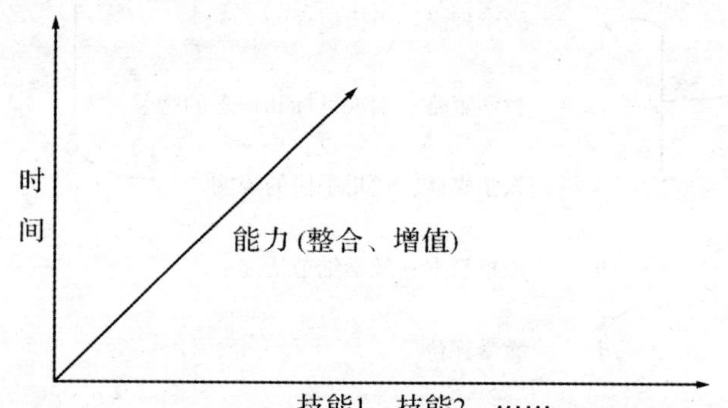

图 11　教学技能训练循环增值示意图

综合的教学能力在教学功能和教学行为方式方面表现出更复杂的多样性、灵活性、全面性和系统性。“综合就是创造”，一位成熟的教师是将各项教学技能融会贯通在一起，整合起来加以运用，这样才能达到良好的教学效果。

随着教育形势的发展、变化，微格教学也要不断地发展、完善、创新，以适应教学改革的要求。教师要不断更新教育观念，在教学实践中利用微格教学的基本原理和新的教学理念，改造、充实已有的教学技能，开发新的教学技能，并将教学技能综合运用到更高的层次水平。

高素质教师必须具备高水平的教学技艺，这是实现高效教学的保障。用微格教学提高教师教学技艺，将教学技能培训上升到技艺训练水平，是培养高素质教师的必由之路。为此，教师必须将全新的教学理念融入教学之中，能够将教学技能整合，并达到灵活运用。

对于一节综合微格课，它要求整合教学技能进行授课，因此，对整合课堂教学的评价，要搞清楚好课的标准。

什么是一节好课？对于好课的标准向来没有统一的说法。严格地说，符合国家规定的评课标准的课是好课，但是在实际课堂教学中又要区分不同的情况。科学地说，符合学生实际的教学课便是好课。依据微格教学对教师教学技能的整合培训实际，达到以下的训练要求就可以说是一节好课：

①教学效果好，学生掌握了知识，身心都能得到健康发展。

②三维目标达成。

③教师角色定位准确。教师是学生学习的指导者、顾问、参与者、关爱者。

④能够让学生对学习充满兴趣，能够将自己的学习潜力充分发挥出来。

⑤教师教学充满智慧和艺术性，教学要体现教师的创造性和教学风格。

本文仅就北京教育学院组编《微格教学教程》纲要，择其要点撰述如下：

(1)提高运用教学语言的艺术性，将使用“训导”语改变为使用诲人不倦、启发诱导的民主教学语言。

由于传统的师承与环境的影响，教师教育学生出口便是命令语、训斥语、冷漠语、说教语，非民主的师道尊严式的、权威式的教学大行其道，学生在教师面前唯唯诺诺，这种环境造就的学生只有守纪律、听话、顺从、看眼色行事的长处，但是缺乏敢想、敢说、敢争辩的创造精神。

新课程理念指导下的新型教师应善于运用充满爱心情感的启发、诱导式的民主教学语言与学生沟通。这种语言能够启迪学生心灵，使他们产生共鸣，乐知、善思、敢问。例如，教师将“你怎么不会？这么笨！这么简单的题都不会做!”的说法换成：“你再想一想，老师相信你能动脑筋想出来，一会儿把你的想法告诉老师，咱们一起研究”，两种教学语言大相径庭，其教学效果截然相反。

“语言是可欣赏的音乐”，老师通过控制语速、声调、强度、节奏，使用充满激情和魅力的语言，可以驱走学生对学习的冷漠，启动他们积极思维，达到理想的教学效果。充满艺术性的教学语言是培养高素质教师的重要内容。它充满民主、和谐的教学氛围，时刻在陶冶学生情操，鼓励、强化学生学习积极性，帮助学生树立自信心，勉励他们上进，帮助他们成长，唤起学生对真理的渴望和追求，这正是素质教育所期望的。请看下面一段话：

这个小猫特别不踏实，一会儿捉蜻蜓，一会儿捉蝴蝶，结果呢，什么也捉不到，鱼也没钓着。后来呢？小猫接受了老猫的批评，一心一意地钓鱼，结果也钓着了一条大鱼！

学生们在听教师讲解时，一会儿替小猫惋惜，一会儿又替小猫高兴；时而侧耳细思，时而喜形于色，这是多么和谐、愉快的教学情景啊！

(2)进入课题废止“注入式”“指令式”，既要激发学生的学习兴趣，还要将学生注意力引向学习目标，使他们知道学什么、怎么学，培养学生学习的自觉性和主动性，形成探究学习的良好态势。

(3)善于运用变化技巧进行教学，打破循规蹈矩的沉闷的学习气氛，减轻学生的学习疲劳，将愉快情绪带进课堂。

课堂教学是一个复杂的、多层次的知、情、意变化的心理过程，教师要善于把科学性、思想性、艺术性结合起来，开展多样化的学习实践活动，充分调动学生的学习积极性，最大限度地挖掘其学习潜力，发挥学生主体作用，提高其学习质量。教师要纯熟地将口语与体态语配合起来教学：讲解要形象(例证、表情、手势、演示)，提问要生动(音调、手势配合)，使教学语言的表达形象化。

同时，教师要善于开展丰富多彩的课堂教学实践活动，将观察、猜想、实验、合作交流等生动活泼的学习活动有机结合，使后现代课程理念在教学中充分展现出来，使学生的眼、耳、口、手、脑等多种器官活动起来，实现主动学习、合作学习。

总之，变化技艺是提高教学效率、融洽师生关系，体现教学艺术风格的重要手段。

(4)运用强化、激励技巧，塑造学生正确学习行为，改变“师道尊严”的传统教学模式。

思维科学研究表明：经常接受失败信息，则思维力减弱；经常接收成功信息，则思维形成定式；接受失败和成功信息各半，则思维力得以保持和提高；接收失败信息少、成功信息多，则思维力大增。

强化是塑造和保持人的正确学习行为的重要心理学理论，掌握强化技巧是提高教师教学素质的重要内容。强化是教师实施正面教育、尊重学生、运用“因势利导”实现教学民主化的重要手段。教师要积累一套行之有效的强化“库”。如微笑、暗示、眼神、手势、标志物、图片、鼓励语、奖赏活动、象征性奖励等。

(5)精讲和训练结合，废止“满堂灌”“填鸭式”的教学，将学习时间还给学生，切实发挥学生主体性，实现培养学生学习能力的教学。

课堂教学中的讲解有其长处和先天不足之处，应扬长避短。讲解的缺点和不足主要表现为学生多是被动地听，不能实行师生双向交流，学生主动活动的机会少，其主动探索精神和创造力的发挥受到限制。而且只靠听，吸收知识信息的保持率不高，尤其是满堂灌式的讲解，学生注意力不易保持。所以应提倡精讲和训练结合，适当地讲解以及答疑解难，对学生进行点拨、启迪、说明、示范是必要的，但传授知识和方法的讲授要“精”，先要在探查了解的基础上确定讲解内容，使讲解有的放矢，才能达到事半功倍的效果。

(6)面向多数学生，改变一问一答的简单提问方式，使全体学生都开动脑筋，敢于质疑、善于探索、研究，学会思考，提高能力。

提问主要是为了启发学生思考，训练学生的思维能力，而“师问、生答、师评价”的提问方式，只注重了教师的主导性，忽略了学生的主动性，且只训练了个别尖子生，实施的是“精英”教学，多数学生只是陪衬，这不符合“面向全体”的素质教育要求。

面向全体学生的提问，首先要求教师训练学生敢质疑、会质疑、会提问，要训练学生生疑、解疑、评疑的能力。教师要鼓励学生提出探究的问题，教师要慢张口，学生要多动口。要群口，不要单口。谁动口了，谁就锻炼了思维，所以教师要千方百计让全体学生都有动口锻炼思维的机会。要开展口语交际，要让学生在动口、动手和合作学习实践中主动探究答案，发挥学生学习的主体性。另外，教师改变教学角色，充当学生学习的帮助者、合作者，这是新型课堂教学的崭新形式。教师更要善于使用追问、反问、探问等教学技巧，将诱导、疏导、对比、台阶、迂回等多种提问方式巧妙整合，将知识教学与思维能力训练有机结合起来，使学生在掌握知识、方法的同时学会思考，切实提高能力。

(7)教师的角色是“顾问”和“交换意见者”，微格教学培训要求改变教师的“教师中心式”“权威式”单向交往的教学模式，形成师生多向交往的互动合作学习模式。

教师的“权威式”教学，在师生间造成一种十分死板的等级关系。当这种关系变得过于死板时，就会使学生感觉不到自己应有的责任，并使他不能做出积极而自由的反应。因此，将教育对象变为教育活动的主体，采用合作学习，既有利于沟通师生关系，又有利于发挥学生的积极性、主动性、创造性，还有利于学习者之间的交往，为儿童营造一个道德、智慧和情感融洽一致的学习世界。

教师要以“顾问”“交换意见者”的身份开展教学活动，要走下讲台，融入学生的学习活动之中，要熟悉新型课堂教学模式，如组织讨论、合作交流、指导探究、反思监控学习等，做到互教互学，从而在合作学习中形成“教学相长”的合作式的师生关系。

(8)微格教学培训注重改变重“智”的单纯知识性教学，注重将知识教学、发展智力与培养非智力因素紧密结合。

非智力因素与认知过程紧密相连，认知水平与情感水平同步发展，这是当代教学论关注的重要课题。近年来，人们在教学中已经注意到在教学生掌握知识、发展能力的同时，要加强学生非智力因素的培养。美国教育心理学家布鲁姆把学生认知行为和情感行为比作一个人用两个并列的梯子向上爬墙，说不清谁先谁后，二者同等重要。

认知、技能与情感三维目标关系，如表1所示：

表1　认知、技能与情感三维目标的关系

认知水平	识记	理解	运用	综合	评价
技能水平	模仿	协调	熟练	迁移	技巧
情感水平	接受	热爱	态度	意志	人格

（此表见王凤桐、陈宝玉编著：《走进微格教学》，首都师范大学出版社，2010年，第168页）

学习者学习知识，只有识记知识才能进入接受状态，进而上升到理解水平；理解了知识，才能进入到热爱的情感状态，进而认知水平上升到运用知识层次；运用知识与态度相关，态度端正有利于知识的运用；当学习进入到综合应用层次，必须由意志做保证，有的学生由于吃不得苦而败下阵来；当学习进入到评价阶段，学习者的情感上升到人格水平，人的价值观、看问题的角度、处理问题的态度及性格特点等，都直接影响着学习者的评价水准，由此可以看到培养学习者的健康人格也是教育者的重要职责。

学习的过程是学生自我完善的过程，教师要善于培养学生关注自身的学习目的性，控制自己的注意力，从理解材料中获得满足感和快乐感，在取得知识的过程中形成正确的认识、态度和价值观，养成不为情绪所牵引的意志力，最终形成健康的人格品质。

(9)改变封闭的应试型的仓储式教学，实施培养科学精神和创新思维习惯的开放的、全方位的、多样化的教学。

培养创新精神的教学是一个系统的教学工程，在课堂教学中，需要教师改变教学观念，调整教学内容，运用纯熟的教学技艺实施教学方法的改革，开创创造性教学局面。

培养创造力的教学是指教师在课堂教学中运用创新理论、思维学原理，突出以学生主体性实践活动为中心的特点，在获取知识与技能的同时，培养学生创新意识，渗透创造原理，教学生掌握创造性思维技法、提高学生创新能力的一类教学行为。培养创造力的教学是基本教学技能在更高水平上的运用，是教师熟练运用教学理论、综合地运用各项基本教学技能进行的教学。

根据以上的阐述，我们归纳出运用教学技能开展有效教学的三字经：

妙语言，善导入，会讲解，巧提问，有变化

精演示，常强化，能合作，要反馈，融情感

综合地运用教学技能，在课堂教学中体现学生主体性、以学生为本的民主教学思想，开展愉快学习、民主教学、合作学习，切实提高教学能力，使学生在认知、德、情、意等方面都得到发展，为培养创造型人才、落实素质教育进课堂而努力，这是教育之本，也是民族希望之所在。

实践证明，微格教学的技能培训已日臻成熟，它的高效、实用、可行的培训模式为落实先进的教育思想，培养创造性教学的高素质教师，开辟了一条通达之道。

一堂课教学技能的整合效果如何，怎样更好地评价教师教学技能的整合水平，可参考下面的评价单。

教学技能整合课的评价单

评价项目	评价等级			
	好	较好	一般	待努力
(1)语言：生动形象，体态语运用合理。	(　)	(　)	(　)	(　)
(2)导入：吸引学习兴趣，建立知识联系，通过创设情境引起探究学习，指导学法。	(　)	(　)	(　)	(　)
(3)讲解：清楚明白，少而精，具有逻辑性。	(　)	(　)	(　)	(　)
(4)提问：成系列框架，师生互动生成思维，提供质疑问难平台。	(　)	(　)	(　)	(　)
(5)演示：设计合理，操作熟练。	(　)	(　)	(　)	(　)
(6)强化：恰当地表扬鼓励，能调动学习积极性。	(　)	(　)	(　)	(　)
(7)变化：教学生动形象、形式多样。	(　)	(　)	(　)	(　)
(8)板书：辅助教学设计合理，书写规范。	(　)	(　)	(　)	(　)
(9)交际：有口语交际的指导。	(　)	(　)	(　)	(　)
(10)讨论：合作学习效果好。	(　)	(　)	(　)	(　)
(11)结束：指导反思学习，巩固所学知识。	(　)	(　)	(　)	(　)
(12)教学特色：实施新课程理念，教学有新意。	(　)	(　)	(　)	(　)

7. 微格教学设计的水平

根据对微格教学设计培训实践的观察，我们将教师的教学设计水平划分为四个阶段类型，这就是：生手型、工匠型、探究型和专家型。

(1)生手型。这个类型的教师处于模仿教学设计阶段。此时教师对于教学技能的掌握还处于一知半解阶段，不能有效地将教学技能运用于教学情境，他们还在尝试、模仿，写出的教学设计零零碎碎，还不具有逻辑性，有的甚至概念不清、时有张冠李戴的现象。他们能够写出零零碎碎的教学设计体会，但是还不能用撰写论文的方式陈述自己的教学设计思路。

(2)工匠型。这个类型的教师能够进行独立教学设计。他们在进行教学设计的时候，手不离参考书，他们能按照条文照章办事，但是还不能越雷池半步。他们能够写出教学设计体会，但是还不能撰写出具有创造性、具有教学新意的教学设计。

(3)探究型。这个类型的教师能够进行探索性的教学设计。他们有研究意识，能够摆脱条条框框的束缚，有兴趣参与教学研究。他们具有依据掌握的教学理论、理念，并结合自己的教学经验实施教学设计的能力。他们在教学上有所突破，能够尝试运用策略解决问题。但是他们还不成熟，在教学设计中还有这样那样的漏洞和问题。他们能够写出比较有新意的教学设计体会和论文，并能在教育专刊上发表自己的教学观点和认识。

(4)专家型。这个类型的教师能够进行创造性的教学设计。他们能够带领团队开展教学研究，能够撰写著述，具有教育影响力；他们教学不保守，不仅凭经验办事；他们的教学理论、理念能够不断更新；他们能够根据教学实际，灵活地处理教材，能够依据教学理论、理念和教学策略熟练地实施教学设计；他们教学上有所突破，教学有亮点，有创新、有收获。

二、指导探究技能整合案例

课例1：

在探究中学习，在思维中遨游
——“编码”教学设计

一、教学背景

1. 教材分析：“编码”是北京市义务教育课程改革实验教材《小学数学》第七册第一单元“多位数的认识”的第十五课时的内容，目的是让学生更进一步地了解数字在日常生活中的实际应用，探索数字编码的简单方法，经历运用所学数学知识解决简单实际问题的体验，培养学生的实践能力，增强学生学习数学的兴趣以及与同学的交往、合作意识。

2. 学情分析：对于四年级的学生，经过三年有关数字知识的学习训练和一些生活实践后，对简单的基数和序数已有了初步的认知和体验，并且对一些简单的数字编码诸如电话号码、邮政编码、班级学号等已有了一定的感性认识。在本节课中，对于作为编码教学的媒介——身份证号码，四年级学生已不陌生。身份证号码是同学们在生活中接触比较多的一种编码，而且编排的规律性强，方便同学们研究与总结。通过实践活动，可以使学生了解有关身份证的编码知识，接触到更多的实际生活中数字编码的应用，体会数字编码在日常生活中应用的广泛性，提高学生学习数学的兴趣和积极性。

二、教学目标（见微格教学教案）

三、教学重点和难点

重点：合作探究身份证号码的编排规律，理解编码的含义，学会基本的编码方法。

难点：经历运用编码的方法解决实际问题的过程，获得运用编码的知识来解决生活实际问题的经验。

四、教学设计的理论依据

1. 数学生活化。

《数学课程标准》指出："在掌握基础知识的同时，感受数学的意义"，提出"重视从学生的生活经验和已有的知识中学习数学和理解数学"，提倡让学生感受到数学就在我们身边，感受到数学的趣味和作用。本课教学通过对生活场景的重现，表现数字编码在生活中各种场合的应用，学生能感受到编码的必要性和科学性，把以前基数意义的应用、序数意义的应用，延伸到这节课着重探究的编码意义的应用，从而对数的应用构建一个比较完整的序列。

2. 自主探究，合作学习。

苏联教育家创立的"平行教育理论"和"合作教育学"强调集体的教育功能，强调学生之间的互帮互学，旨在让学生通过集体活动、集体学习，为集体赢得荣誉，最终在集体的帮助下，完善自身的发展。合作学习已成为培养学习者独立学习能力的重要模式。《数学课程标准》指出："有效的数学学习活动不能单纯地依赖模仿与记忆，动手实践、自主探索与合作交流是学生学习数学的重要方式。"学生参与探索活动，经历发现规律的过程是新课标教材编写的意图，学生在合作中通过主动观察、对比、猜测、讨论、交流等数学活动，可以有效地感受到数学问题的探究性和挑战性。同侪互教，在自主探索和合作交流的实践过程中，学生能够真正理解和掌握基本的数学知识与方法，获得广泛的数学活动经验。

3. 开展思维策略教学。

思维策略就是以思维科学、心理学等为依据的一种自我调控的思考方法。

思维策略是学习者支配自己认知思维过程的技能，是学习者用来思考问题与解决问题的比较抽象的通用的思考方法。利用思维策略开展数学学习，利于开发学生的智能，可以解放学生的大脑，发挥学生学习的主动性、主体性。

五、本课的教学策略

1. 根据新课标的要求以及教材的特点对教学内容进行适当加工和处理。在学生的认知基础上，通过创设情境，密切联系生活实际，提高学生的学习兴趣。

2. 实施探究式教学策略，教师通过所构建的"创设生活情境——►提出编码问题——►感悟编码意义——►体会编码方法——►解释编码意义——►拓展编码应用"这样一种模式，逐步呈现教学内容，展开教学过程，引导学生体会用数字组成编码的方法，感受编码在实际生活中的价值和意义。

3. 在实践活动中培养能力。根据所学编码知识，通过小组合作为全校学生编写学号，让学生亲身感受运用所学知识解决实际问题的过程，培养学生的探索精神和实践能力。

4. 利用"仔细观察细比较""自我提问自引导""分析比较巧归纳"等思维策略，通过自主探究编码方法与规律，培养学生数学思维能力。

六、媒体资源(略)

七、教学过程设计

微格教学教案

科目：数学　课题：编码　训练的技能：指导探究技能整合　主讲：阎丽宏

教学目标：
1. 探究身份证号码的编排规律，领会编码的含义，学会基本的编码方法。
2. 经历运用编码解决实际问题的过程，获得运用编码的知识解决生活实际问题的经验。
3. 感受编码在实际生活中的运用，体验数学与生活实际的密切联系，激发学习兴趣，养成关注生活中的数学问题的习惯。

时间 (分秒)	授课行为 (讲解、提问等)	应掌握的 技能要素	学生行为 (预想回答等)	教学意图
0分00秒	同学们，请回想一下我们在探究一个数学规律时会用到哪些策略? 非常棒！那我们就带着这些策略走进知识海洋去探究	回忆	回忆： 大胆想象细检验； 仔细观察细比较； 分析比较巧归纳 ……	学习之前回忆思维策略，为自主探究提供学习方法

续表

时间（分秒）	授课行为（讲解、提问等）	应掌握的技能要素	学生行为（预想回答等）	教学意图
01 分 00 秒	最近，老师的一位亲戚乔迁新居，她打电话邀请我到她家玩，她告诉我她家住在永乐小区的这套房子里(出示：12 幢 603) 你知道怎样才能找到她的家吗？ 603 这个门牌号告诉了我们哪些信息？	启迪意识 创设情境 建立联系 假设	回答：先找到 12 幢，再找到 603 室；回答：是 6 层 03 号房间	创设情景，激发兴趣，引起探究
03 分 30 秒	(出示电影院座位号)看，这幅图里的数字表示什么意思？ 你能提出什么样的数学问题吗？	指引观察 确认 启发	回答：它代表了第几排第几号座位 怎样排列的？ 为啥这样排列？	通过自我提问，提出探究问题
05 分 00 秒	这样的排列，我们可以给它起个名字吗？ 对，像这样，数字按照一定的规则排列，就组成编码。今天我们就一起到编码城堡，去探寻数字与编码的奥秘 生活中与你关系最密切的编码都有什么？ (出示全班学生的身份证编码)	概括 形成期待 观察	猜想回答 自由列举： 超市百货编码、学号……	数学联系生活实际
07 分 00 秒	请每位同学观察自己的身份证编码，在这串数字中有没有你比较熟悉的数字呢？ 我们就把这 8 个数字叫作出生日期码。那其他的数字表示什么呢？我们首先看前面 6 个数字	引导分析	回答：表示生日的 8 个数字	

续表

时间（分秒）	授课行为（讲解、提问等）	应掌握的技能要素	学生行为（预想回答等）	教学意图
08分30秒	（出示本班河南省不同区县的几名学生的身份证编码） 这是咱们班几位同学的身份证编码，大家认真观察，运用“分析比较巧归纳”这个学习策略对比相同位置上的数字，再小组内互相讨论一下，看有什么发现？	观察 比较 合作探究	小组合作学习，自主探究	通过给出数据，让学生自主探究身份证编码中前6位数字的结构和含义
09分00秒	谁能用一句话说一下通过前面6个数字你发现了什么规律？ 那我们就把这6个数字叫作地址码 现在我们知道了河南省的代码是16，你还知道哪些省的代码？ 北京是多少？山西呢？	概括归纳 确认	回答：前两位表示省、自治区或直辖市，3、4两位表示所在的市，5、6两位表示所在的县区 对应省份的学生作答： 北京：11 山西：14 ……	
10分30秒	那有了地址码和出生日期码，为什么还要后面的数字呢？现在我们先把这个问题留在这儿，老师先考考同学们： （出示一个身份证号码：14222319810204642X） 这是我们班一位老师的身份证号码，同学们运用“典型特征细体会”这个策略，猜猜看它的主人是谁？ 同学们猜得真准！可老师以前的身份证是这样的：142223810204642	追问 观察 比较 诱导分析	学生猜测、汇报、说理由：前两位是14，山西人，是李老师	

续表

时间（分秒）	授课行为（讲解、提问等）	应掌握的技能要素	学生行为（预想回答等）	教学意图
10 分 30 秒	请同学们观察 15 位身份证号码和 18 位身份证号码，它们不同在哪里？想一想可以用什么学习策略来帮助你解决这个问题？		回答：运用“仔细观察细比较”的策略，看出不同之处在出生日期码和最后一位数(新增的 7、8、18 位)	运用思维策略自主探究，训练学生的数学思维能力
12 分 00 秒	出生日期码为什么要增加前两位？	追问	回答：因为如果 1900 年 9 月 26 日出生或 2000 年 9 月 26 日出生的人都可以用 00926 表示出生日期码，有可能会重号，所以要把年份写完整	通过实例让学生明白身份证位数变化的缘由，为理解“顺序码”做铺垫
15 分 30 秒	同学们说得非常棒！ (出示一组身份证号) 110106199508276761 110106199508276765 运用“仔细观察细比较”学习策略，你发现了什么？同学们猜猜这两个号码的主人是什么关系？ 这是一对双胞胎。那现在我们可以揭开这个问题的谜底了，(出示上面遗留的问题)谁能说一下？可以小组先讨论一下	强化 观察 猜想	回答：只有最后一位数字不同 小组内互相交流，指名汇报	通过观察、对比、猜想，自主探索，逐步理解“顺序码”和“校验码”的位置和作用，从而了解整个身份证号码的编排特点

续表

时间 (分秒)	授课行为 (讲解、提问等)	应掌握的 技能要素	学生行为 (预想回答等)	教学意图
17分00秒	15—17位是“顺序码”，第15、16两位表示所在地派出所的代码，第17位表示性别，一般男的用奇数表示，女的用偶数表示。第18位表示“校验码”，也被称为“个人信息码”，一般是计算机随机产生的，用来检验身份证的正确性 身份证编码就是这么神奇，一个人一个号。所以我们可不能小看这些数字，它们还可以帮助我们推理断案呢！ (出示)2011年，某市发生了一起盗窃案，黑猫警长调查到了关于盗窃犯的资料：山东人，男性，37岁。白猫警长找到了三个嫌疑犯，下面三个号码是他们的身份证号码，运用“自我提问自引导”的学习策略思考，你能帮忙找到罪犯吗？	解释 观察 启发 运用	静听 构思	
21分00秒	371427197408124735 371404197510081353 371427197403301661 同学们小组内讨论交流 编码不仅可以反映个人的身份，还可以反映我们每个学生的身份信息呢，比如我们的学号 现在，老师想请你们做一名小小设计师，设计一个编学号的方案，给我们学校每个学生编一个学号 (出示要求)	比较 组织讨论 启迪 运用	小组内讨论交流；指名汇报，说理由：37岁，说明是1974年出生，第一和第三个身份证号符合条件，但只有第一个身份证号的第17位表明是男性。所以，第一个身份证号的主人就是盗窃犯	创设故事情境：推理探案，训练学生对所学知识的灵活应用能力，培养学生的逻辑思维能力

续表

时间（分秒）	授课行为（讲解、提问等）	应掌握的技能要素	学生行为（预想回答等）	教学意图
33 分 00 秒	我们学校有 6 个年级，5 个班，共 770 名学生。我们先来看看，学号中应包含哪些信息？ 我们已经确定了编码中要包含的信息，如何用数字来体现这些信息呢？请大家小组讨论后完成设计方案，完成后为大家展示成果	诱导分析思考	学生自由说：学校、年级、班级、性别、座位号…… 小组内合作讨论，共同制定编码方案 展示成果：我们是这样设计的，有一个数字，有一个信息……	通过学生为自己的学号编码，让学生经历运用编码的方法解决实际问题的过程，获得运用编码的知识来解决生活实际问题的经验，感受编码在生活中的运用
36 分 00 秒	大家真能干！在短短的时间里就给自己编了一个学号，而且反映出了这么多的信息，以后如果需要重新给每个同学设计学号，一定会借鉴大家的这些方法和建议 其实生活中，还有好多地方可以用到数字编码，你能举一些例子吗？ 随着社会的发展、科技的进步，编码将会应用到更多的领域	理解	学生举例：超市商品码、手机号码、车牌码、邮编……	
37 分 00 秒	这节课就要结束了，通过这节课的学习，你有什么收获？还有哪些疑问？	归纳 总结 质疑	谈收获： 回忆运用思维策略的体会	指导反思，培养学生的反思学习能力
39 分 00 秒	今天，我们学习了数字与编码，体会到了数学知识与现实生活的密切联系，希望大家能运用所学的知识去解决更多的实际问题 出示： 小小编码用途大， 生活处处能见它， 观察咨询勤查阅， 学好用好人人夸。	扩展延伸，形成新的期待		强化数学编码与实际生活的紧密联系，提高提高学生后继学习的兴趣

2011 年 8 月 3 日

八、预设教学评价

教师评价：

1. 本课学生学习是否有兴趣？　　有(　)有一些(　)没有(　)
2. 本课是否联系了生活实际？　　联系紧密(　)有一些(　)没有(　)
3. 本课学生是否在教师引导下进行了探究学习？
　　是(　)有一些(　)没有(　)
4. 本课教师是否为学生搭建了合作学习的平台？
　　有一些(　)很少(　)没有(　)
5. 本课是否完成了教学任务？　　完成了(　)部分完成(　)没有(　)

学生评价：

1. 我对本课的学习有兴趣吗？　　有(　)有一些(　)没有(　)
2. 我学会了本课的知识吗？　　会了(　)会一些(　)不会(　)
3. 我在学习中与同学积极交流了吗？　　积极(　)有一些(　)没有(　)
4. 我会用编码的方法设计座位编号吗？　　会(　)会一些(　)不会(　)

课例 2：

创设情境，合作探究，让数学活动更有效
——“平行四边形的面积”

科目：数学　课题：平行四边形的面积　训练的技能：指导探究技能整合　主讲：李瑞敏

教学目标： 知识技能：通过“独立学习”“小组合作”等多种方式引导学生推导平行四边形面积计算公式，理解平行四边形的面积公式，能够正确运用它解决问题。 过程方法：在学习过程中引导学生体验“转化”数学思想在问题解决中的作用。 情感态度价值观：培养学生动手操作能力、探究意识，使学生从中获得积极成功的情感体验。				
时间 （分秒）	授课行为 （导入、提问、讲解等）	应掌握的 技能要素	学生行为 （预想回答等）	教学意图
0 分 00 秒	1. 同学们，这是小区车位图，你们能发现什么数学问题吗？ 李老师所住的小区正在登记购买车位，小区设计了两种车位（出示长方形和平行四边形车位图），两种车位价格相同	创设情境 探询 问题支架 启发 追问 分析	假设，提出探究问题：怎样停车？怎样计费？ 有的学生会从两种不同的形状进行分析；有的学生会从面积大小的角度考虑。	通过创设情境，引发学生探究，感受生活处处有数学

续表

时间（分秒）	授课行为（导入、提问、讲解等）	应掌握的技能要素	学生行为（预想回答等）	教学意图
2分00秒 2分07秒	你认为买哪种合适？为什么？（出示平行四边形和长方形车位图）	启发	交流：关键是要知道面积	通过追问，启发学生发现生活中需要求平行四边形的面积，进而搜索解题
2分49秒 4分36秒	2. 师：怎样算出两个车位的面积？ (1)找学生算出长方形的面积 (2)找学生算一算平行四边形的面积	搜索解题	探究： 长方形 3×4＝12(平方米) 平行四边形 ①用底边与斜边相乘： 3.5×5＝17.5(平方米) ②用底边与高相乘： 3.5×4＝14(平方米)	
4分50秒	这节课我们就一起来探究怎样计算平行四边形的面积请大家猜想：怎样探究？ 3. 小组合作动手探究	形成期待	将注意力移向学习目标：想办法借助长方形、正方形的知识……	
9分43秒	现在，两个人利用手中的学具，计算一个平行四边形的面积 组织学生汇报： 如果学生没有出现转化成长方形的就在此引导…… 问：你怎样做的？	组织合作 指导探究 启发 追问	学生两人一组进行探究，两个人没探究出来可进行四人组讨论（填写统计表） 用方格纸进行测量，每个方格是边长1厘米的正方形，面积是1平方厘米。有几个方格就有几平方厘米。不够整平方厘米的进行平移，拼成整平方厘米	学生以小组合作形式，进行搜索解题，共同探究平行四边形的面积计算公式 通过小组合作汇报，验证猜想

续表

时间（分秒）	授课行为（导入、提问、讲解等）	应掌握的技能要素	学生行为（预想回答等）	教学意图
13 分 37 秒	让学生到前面演示是怎样转化的 你是怎样剪的？ 谁还愿意展示？你是怎样剪的？	指导交流 追问 探询 确认	先画出平行四边形的高，然后沿高剪开，再把剪下的图形进行平移，就拼成了长方形 先画出平行四边形的高，沿高剪开，然后再平移，拼成了长方形	通过追问，学生汇报自己的研究过程 汇报探究过程，体会将平行四边形转化为长方形的过程
15 分 52 秒	有没有不是沿高剪开的？(如果有可以展示一下，如果没有老师可以演示学生观察)为什么必须沿高剪开？ 课件演示平行四边形转化成长方形的过程	探询 追问 验证答案	再由两名学生演示	再找学生展示转化的全过程，让学生进一步体会转化过程
18 分 17 秒	我们再来看一看，怎样把平行四边形转化成长方形？(课件演示)	演示 强化认识	观察，形成知识建构 无论沿哪条高剪开，最终都得到 4 个直角，才能够拼成长方形	通过演示，使学生发现沿高剪开，才会形成直角，才能转化成长方形
20 秒 03 秒	师：我们已经把平行四边形转化成长方形或者是正方形了，请你观察一下，发现了什么？	形成认识	学生两人讨论 学生到黑板前边指边说：形状变了，周长变了，面积没变	通过启发、探寻，引导学生剪、拼，进一步体会长方形和平行四边形的关系
23 分 06 秒	请你观察长方形的长和宽与平行四边形的底和高有什么关系？	搜索解题 建立联系	长方形的长相当于平行四边形的底，宽相当于平行四边形的高	

续表

时间（分秒）	授课行为（导入、提问、讲解等）	应掌握的技能要素	学生行为（预想回答等）	教学意图
25 分 14 秒	师：那么底和高有着怎样的位置关系呢？ 也就是一组相对应的底和高两个人一起看看你手中的图形，是不是这样？	确认 建立联系	底和高是互相垂直的 学生观察手中的图形，找到相对应的底和高 两人组讨论	通过课件演示验证答案，渗透长方形的长和宽与平行四边形的底和高的关系，使学生深化理解一组相对应的底和高的概念
27 分 00 秒	既然面积没变，长方形的面积会算，那么平行四边形面积怎样计算呢？你是怎样想的？	验证 概括	汇报：平行四边形的面积＝底×高 学生尝试着用字母表示 $s=a\times h$	
30 分 31 秒	师：同学们，我们再来看买车位的问题，哪种计算方法正确？这下能确定选哪个车位了吗？	确认答案 验证假设 指导反思	通过计算确定…… 学会了平行四边形面积的计算；	通过搜索解题，发现平行四边形的面积的计算方法，培养学生的推理能力
	请总结收获？ 看来我们用今天学习的数学知识可以解决生活中的实际问题	强化认识	用数学解决实际问题	使学生感受到用数学知识可以解决生活中的问题

教案点评：

本节课创设老师购买两种不同形状车位的问题情境，问题源于生活，引导学生发现问题，激发学生探究新知的欲望。学生经历了发现问题—搜索解题—验证答案的过程。

4 分 50 秒，教师引导学生利用手中的学具探究平行四边形的面积公式，学生通过画、剪、拼，发现了平行四边形和长方形的关系。

20 分 03 秒，老师提出问题“把平行四边形转化成长方形或者是正方形后发现了什么”，从而引导学生发现图形转化前后的内在关系，理解长方形的长相当于平行四边形的底，宽相当于平行四边形的高，进而推导出平行四边形面积公式。

课例 3：

把握学情，给学生自主探索的时空
——“角的初步认识”教学设计

一、教材分析

“角的初步认识”这部分教学内容被安排在北京版教材三年级上册的第六单元，属于图形与几何领域。“角”是学生第一次认识几何图形的描述性概念。教材从引导学生观察生活实际出发，引导学生从现实的生活中逐步抽象出所学几何图形，再通过学生的实际操作活动，如画一画、比一比、做活动角等，加深对角的认识和掌握角的基本特征。

不同版本教材在活动的编排上是略有区别的，例如：在人教版教材中，此部分内容安排在二年级上册，也是从实际情境入手，然后通过画一画、指一指、比一比、数一数等活动来认识角。尽管教学编排有所不同，但是教学意图却是相似的：一是强调数学知识与现实生活的密切联系，二是强调在活动中掌握知识让学生在亲自的动手操作中完成学习任务。

二、学情分析

1. 生活经验：“角”对于三年级学生来说并不陌生，生活中处处有角，在生活中经常接触到角。

2. 学习经验：从认识平面图形(长方形、正方形、平行四边形、三角形和圆)开始，就已经有了一定的感悟，对角已有一定的感性认识，但对于角的认识并不规范。学生头脑中角的表象与数学中的“角”是有差异的。

第一，问卷调查的数据显示有 51.4%的学生虽然能画出角的样子，但也是根据对平面图形的感知来画的。所抽查的 6 名学生中只有 1 人用手指卡出桌面的角，说明学生对角的认识还不是非常准确，尤其是容易把生活中的墙角、球门柱角等角落混同为数学中的角。

第二，64.8%的学生认为生活中物体的“尖儿”就是角，18.9%的学生用自己的语言描述了角的样子，还有 16.7%的学生无法描述，说明学生没有对角的准确感悟，对角的感悟是片面的。

3. 学习角的困难之处：角作为一个抽象图形，与儿童头脑中想象的角可能不尽相同，学生接受起来也较为困难，因此让学生建立正确的角的表象并不容易。

三、教学目标

(见教案)

四、教学重点

在多种操作活动中体验、感知角，建立角的表象。

五、教学难点

解决数学中角的概念与学生原有认知的冲突。

六、教学理念

儿童朴素理论认为，儿童原有的观念与科学理论之间有着相似性与内在的一致性，它们是在儿童早期观察周围世界的过程中，存在于在大脑中的原始性的表象与思维。其中，小学阶段概念性、知识性内容的学习相当重要。现在教育界十分强调概念的“内化”，任何概念性的内容不是一下子进入儿童的大脑的，而是需要大量的与此内容相关的“知识背景”做支撑，是一个逐渐“构建”的过程。

《数学课程标准》指出：在教学中，应注重使学生探索现实世界中有关图形的问题；应注重使学生通过观察、操作、推理等手段，逐步认识简单的图形；应注重通过观察物体、图案等活动，发展学生的空间观念。

七、教学策略

1. 展示学生作品，激发学生学习的兴趣。
2. 指导学生操作实践、自主探究，在小组互助中自主建构角的知识。
3. 鼓励学生合作交流，引导学生在交流中注意倾听同伴的声音。
4. 引导学生学会反思，逐步掌握学习方法、策略，提高解决问题的能力。

八、教学媒体

多媒体、角的相关学习材料

九、微格教学教案

科目：数学　课题：角的初步认识　训练的技能：综合教学技能　主讲：白国华

教学目标： 1. 知识目标：结合生活情景使学生知道什么是数学中的角，建立角的表象。 2. 能力目标：引导学生在多种操作活动中体验、感知角，并能用比较准确的语言描述角的特征。 3. 情感态度与价值观：通过渗透数学文化，使学生了解角的发展，体现学习角的价值。				
时间 （分秒）	授课行为 （导入、提问、讲解等）	应掌握的 技能要素	学生行为 （预想回答等）	教学意图
0分00秒	一、展示学生作品，引入新课 （出示学生前测中的作品）昨天我们做了一项调查，同学们还记得吗？题目是这样的： 描一描你找到的角 画一画你心中的角	创设情境 回忆	观察学生作品，回忆前测中同学的作品	通过欣赏学生的作品唤起学生已有的认知经验

续表

时间 （分秒）	授课行为 （导入、提问、讲解等）	应掌握的 技能要素	学生行为 （预想回答等）	教学意图
00 分 48 秒	几位同学是这样画、这样描的：	观察比较 发现问题	生 1：我觉得第一个比较准确，因为…… 生 2：第四个不太准确…… 生 3：我觉得第五幅图应该补充一些…… 生 4：我也想给第五幅图补充一下……	通过观察比较，让学生认识到自己对“角”的概念的理解程度
01 分 50 秒	看到这些作品，你有什么要说的？有什么要问的？	启迪意识 形成假设		
03 分 50 秒	生活中有许多角，对于角大家都有自己的理解。生活中的角和数学中的角有着怎样的联系呢？我们找几个例子研究一下：	搭建支架 说明	观察图形，思考	通过启发，引导学生思考原有的对“角”的认识和数学中的“角”是否一致
04 分 20 秒	二、操作实践感知，自主建构 活动 1：找一找、描一描 这些物品大家都认识吗？ 这些物体表面都有角，它们的角在哪里呢？ 那我们数学中的角到底是什么样子的呢？	演示 搜索解题 启发探寻 演示	找角，描角、画角 观察角的特征 动手画角	在动手操作中，感悟角的特征

续表

时间（分秒）	授课行为（导入、提问、讲解等）	应掌握的技能要素	学生行为（预想回答等）	教学意图
	让我们给这些角脱去美丽的外衣，仔细地看一看、画一画			
04分50秒 06分50秒	(1)小组合作学习：仔细观察，你发现这些角都有什么相同的地方？把你的发现和小组中的同学说一说，然后把你们小组共同的发现记录下来	自主观察 互助学习	观察 小组交流、记录	充分利用学生已有的生活经验，在学生直观认识的基础上抽象出角的图形
09分20秒	(2)全班交流：哪个小组把你们的发现告诉大家？ 乘机追问：都有一个“尖儿”，“尖儿”是怎样形成的？哪儿是张口？ 你怎么知道是两条直直的线的？	讨论交流 分析 追问 确认	小组互助交流并做记录 用自己语言描述角的样子：角尖尖的，有个折的地方；角都张着口；角都有两条直直的线	在小组观察、互助交流中，使学生明确角的特征，初步建立角的表象
14分30秒	活动2：摆角、画角 (1)我们快来利用手中的小棒摆一摆角吧，点一点角尖尖的地方，摸一摸角的两条直直的线			学生在摆角、摸角的过程中，感悟角的特征

续表

时间（分秒）	授课行为（导入、提问、讲解等）	应掌握的技能要素	学生行为（预想回答等）	教学意图
16分10秒	(2)根据你们的观察和刚才的摸摆，说一说角的概念(允许学生用自己的语言描述角的样子)	概括总结	利用角的学习材料，摆角	运用语言描述角的特征，从而进一步建立角的表象
17分15秒	(3)像这个尖尖的地方，我们称为顶点；从顶点出发引出的两条直直的线，称为边 让我们再来看一看数学中角是怎么形成的？请举起你的小手，跟着大屏幕画一画 谁来说一说，到底什么是角？(从一点出发，引出两条直直的线，所围成的图形就是角，这个点就是角的顶点，这两条直直的线就是角的边)	演示 实践操作 概括总结	进一步用自己语言描述角的样子： 一个顶点； 两条直线叉开，形成角 观察演示 跟着屏幕的演示，画角 再一次用语言表述角的样子：	通过观察角使学生头脑中“角”的表象更加深刻 运用比较数学的语言描述角的特征，进而建立较为准确的角的概念
18分20秒	(4)快来画一画角吧 指名到黑板画角，伺机给角命名。1657年英国数学家奥特雷德在《三角学》中创用“∠”表示角	实践操作	有一个顶点，从顶点出发引出的两条叉开的直线为边…… 画角	通过画角，巩固角的概念
20分10秒	活动3：想角、指角 (1)刚才我们看过了数学王国里的角，现在闭上你的小眼睛，想一想数学中的角到底是什么样的？某某某，一边想一边画，真是好孩子 你们都先画的什么啊？然后呢？ 从一点出发，引出的这两条直线，叫边，两条边围成的图形就是角 跟你的同桌再说一说，到底什么是角	想象感知确认 概括总结 强化认识	指名板书，其他学生自己画角 想象角的样子	通过想象，加深角的表象 在概括总结中，学生头脑角的表象进一步明确

续表

时间 (分秒)	授课行为 (导入、提问、讲解等)	应掌握的 技能要素	学生行为 (预想回答等)	教学意图
22 分 05 秒	(2)快来指一指，离你最近的那些物体的表面就有这样的角	动手实践	从顶点引出两条线边围成的图形，就是角	结合生活情景，建立比较准确的表象
25 分 30 秒	(3)处理大家有争议的认识(例如：球门柱的角等) 平时我们说的这个角，跟我们数学中的角有什么区别呢？生活中，这个角扎扎的，是堆起来的。我们数学中的角呢？(平平的)你们的手势做得特别好，对角的感觉也一定是最深的	搜索解题 确认答案	从顶点引出两条直直的线，就是边，开着的口的就是角 …… 一边指角，一边用比较准确的语言说出角的特征 指出身边物体表面的角：	从直观形象到抽象，帮助学生在厚实的感性经验的支撑下建立起深刻的角的表象
32 分 20 秒	活动 4：辨别角、创造角 如果让你再描一描图中的角，你打算怎样描，描哪里？ (1)听说我们在认识角，课堂上来了一些小客人，都争着说自己是角，谁能来判断一下。你能指出这些图形中哪些是角？哪些不是角吗？	验证答案 确认	用手势：生活中，是堆起来的 数学图中的角是平平的	辨别过程中，深化角的感念
34 分 10 秒	(2)刚才我们摆了一个角，现在你能不能再摆一个大点的角。你是怎样让你的角比刚才大的？(两边张开大点)再大点呢？ 要是摆个小点的角呢？ 刚才我们创造了一个个大大小小的角，你发现角的大小到底与边的什么有关系吗？(与角两边张开程度的大小有关)	发散延伸 操作实践	分析原有认知中对角的模糊认识…… 说明判断的依据，明确角的概念 拼摆不同角度的角	判断说明中再次明确角的概念 学生在操作的过程中，体会角的大小与两边张开程度的大小有关

续表

时间 （分秒）	授课行为 （导入、提问、讲解等）	应掌握的 技能要素	学生行为 （预想回答等）	教学意图
36 分 40 秒	三、走进角的历史，欣赏角 1. 了解角的历史 2. 欣赏角	扩展延伸 观察欣赏	了解角的历史，欣赏角的应用	知道角的应用，感受到生活中处处有数学，数学与生活是密不可分的
38 分 00 秒	四、总结质疑 说一说你有哪些收获？还想学习与角相关的什么内容？	反思监控	谈收获，说问题：知道了什么是角；生活中的有的角是鼓的，数学中的角是平的； 从一个点引出四条线，可以组成几个角； ……	培养学生总结质疑的能力

教案点评：

对于三年级学生来说，角的知识比较抽象，学生接受起来较为困难。为了帮助学生更好地认识角，教师将观察、操作、演示、实验、自学讨论等方法有机地整合、贯穿于教学各环节中，引导学生在感知的基础上加以抽象概括。教学中，教师设计了找一找、看一看、摸一摸、折一折、做一做、画一画、比一比、想一想、说一说等教学活动，让学生在大量的实践活动中掌握知识，形成能力，激发了学生的学习兴趣，做到了教法、学法的最优结合，使全体学生都能参与到探索新知的过程中。

从 4 分 20 秒开始，围绕“角”概念的建立，重点设计了几个活动，第一次让学生试着完整、全面地说一说角是什么样的，利用学生的生活经验，让学生在实物上找角。在学生直观认识的基础上，抽象出角的概念。第二次让学生根据观察和摸摆，说一说角的概念。学生在模、摆的基础上，对角的认识更全面深刻了。第三次在“想角、指角”的活动中说角，在建立了角的表象的基础上，学生有了切身感悟，对角的概念理解得更为深刻，提高了学生的认识。这种探究学习的整合课，教学效果较好。

课例 4：

在玩中探究平移，在做中体验特征
——“认识平移”

一、教材分析

“认识平移”是京版教材第五单元的教学内容，本内容在课标中属于图形与几何领域中的第三部分图形的运动。平移是在学生的日常生活中经常看到的现象，从数学的意义上讲，平移是一种基本的图形变换。学习这部分内容对帮助学生建立空间观念、掌握变换的数学思想方法有很大的作用。课程标准不要求对这个概念进行定义，更不需要让学生去背结论性的语句，只要求学生紧密联系生活实际去感知这些现象。

二、学情分析

这部分教学内容简单，学生平时看过书，知道平移这种现象，还能叫出名字，但是却不知道平移准确的概念。学生既要学会知识，还要重视知识的来源过程，掌握学习方法。

三、教学目标

（见教案）

四、教学重点

感知平移的现象。

五、教学难点

让学生通过动手实践得出平移的科学的概念。

六、教学理念和理论依据

学生应用知识并逐步形成技能，离不开自己的实践，只有亲身参与，才能在数学思考、问题解决和情感态度方面得到发展。

探究性学习是以学生的探究为基本特征的一种教学活动形式，以学生已有知识和生活经验为基础，以现行教材为基本探究内容，为学生提供充分自由地表达、质疑、探究、讨论问题的机会，它能充分调动学生参与学习活动的积极性，发挥学生自主探究的能动性，使学生学会学习和掌握科学方法，为学生终身学习和发展奠定基础。

有效的数学教学活动是教师教与学生学的统一，应体现“以人为本”的理念，促进学生的全面发展。

七、教学策略

1. 创设与学生生活密切联系的问题情境，激发学习兴趣。

2. 指导学生动手探索，自主探究，体验知识的形成过程，培养自主学习的能力。

3. 鼓励学生合作交流，引导学生在交流中注意倾听同伴的声音，解读同伴的见解。

4. 引导学生学会反思，逐步形成学习方法，提高解决问题的能力。

八、媒体准备

课件

九、确定教学过程(教案)

微格教学教案

科目：数学　课题：认识平移　训练的技能：综合技能　主讲：廉丽霞

教学目标：
1. 知识与技能：(1)观察生活中运动的物体，能根据物体的不同运动方式将所给物体分类。(2)初步认识什么样的运动方式是平移。
2. 过程与方法：在动手体验中得出平移的科学概念，在玩一玩中运用所学知识解决生活中的问题。
3. 情感态度与价值观：能够联系生活经验，说出生活中的现象，体会平移的特点，感受生活和数学的联系，培养空间观念。

时间 (分秒)	授课行为 (导入、提问、讲解等)	应掌握的 技能要素	学生行为 (预想回答等)	教学意图
0分00秒	导入： 同学们，你们都去过游乐园玩吗？今天我们就一起去看一看(出示图片) 提问：仔细观察细揣摩，游乐园里有哪些游乐设施？ 想一想，这些游乐设施都是怎样运动的？	创设情境 启迪意识 确认 分析	观察：观览车、风车小屋、转椅、小火车…… 用手势帮助说：摩天塔是上下运动的，风车小屋是转的，观览车是斜着向上的	创设情境，激发兴趣 揣摩每种游乐设施的运动方式
1分16秒	你们说得真不错，不但会玩，还有数学思想呢！	鼓励强化 启发诱导		通过启发探寻，培养学生分类、交流的能力
2分37秒	仔细观察细比较，根据这些游乐设施的运动方式，我们能不能给它们分分类呀？ 谁能说一说你们组是怎样分类的？请说出理由	探询 启发诱导 指导交流 分析	观览车、小火车分一类，它们都是平平地运动；风车小屋和转椅分一类，它们都是转的；摩天塔分一类，它是直直地上下运动……	通过学生的回答，确定正确的分类方法

续表

时间 （分秒）	授课行为 （导入、提问、讲解等）	应掌握的 技能要素	学生行为 （预想回答等）	教学意图
3分10秒	今天我们要学习的内容就在这里面，我们一起来看一看这是哪一类？ 课件演示小火车、观览车的运动	引导猜想 指导观察	学生看，跟着老师说；边看边说：平行运动，说出理由……	通过观察、猜想，形成假设
5分30秒	揭示平移的概念：观察真准确，这平行的移动，我们管它叫什么？	鼓励强化 概括	猜想、探究……	引而不发，培养学生的探究能力
5分42秒	平移。今天这节课我们就一起来认识平移（板书），在生活中也有很多平移运动，课件出示生活中的平移现象	形成期待 演示 指引观察	观察，边看边用手势表示这些平移运动	
6分48秒	大厦里电梯的运动，是平移吗？ 提示：平移可以是往上平行移动，也可以是往下平行移动 提问：这是谁在做平移运动？	质疑 发散延伸 强化认识	是；不是 学生边做手势边说： 电梯在做平移运动	通过发散延伸，引导学生发现生活中的平移，为后继学习做铺垫
7分25秒	出示小朋友玩滑梯的画面 提问：你们猜，小朋友从滑梯上滑下来时做的是什么运动？	巩固认识 运用	回答： 小朋友在滑梯上做平移运动	引导发现，培养学生说话有条理的习惯
8分10秒	提问：生活中还有哪些平移运动，你能说一说吗？	运用 引导发现	拉抽屉时，抽屉做平移运动；拉拉锁时，拉头做平移运动……	引导发现，培养学生的发散性思维
8分26秒	演示，开教室门时，门是做平移运动吗？	质疑	探究、说出理由：这是转动、旋转	通过质疑，区分平移运动

续表

时间（分秒）	授课行为（导入、提问、讲解等）	应掌握的技能要素	学生行为（预想回答等）	教学意图
10 分 56 秒	生活中能说出很多物体的运动，它们到底是不是平移运动？我们还得好好研究研究 让学生拿出准备好的正方体木块，并在实物投影仪上演示放法	启发诱导 迁移练习	学生根据老师的要求动手操作	通过验证理解，巩固平移概念
14 分 00 秒	提问：这个正方体木块都可以怎样平移？ 同桌互相说说，你是怎样平移的？ 教师要求学生到实物投影仪前做一做	搜索验证 指导实践 演示合作	可无顺序乱动：可以向前、后、上、下、斜着移动，向左、右移动 学生边看边跟着动、说 学生观察、思考：平行移动，是平移；	通过学生动手操作，培养学生自己发现问题的能力
15 分 55 秒	教师演示正方体木块的平移；教师带领学生总结平移的特点	演示归纳	位置发生了变化，乱动。不是平移	
17 分 53 秒	制造矛盾：这里还有一种移动现象，这是不是平移？演示(搬桌椅)，要求学生说出这是不是平移 老师提出问题：到底什么是平移？请举例 布置：打开书 62 页，看一看哪些运动是平移？	诱导思维 验证答案 追问 验证答案	升国旗时国旗在做平移运动；拉抽屉时抽屉在做平移运动；横向开窗，窗户在做平移运动 学生看书、思考、交流	制造矛盾冲突，引发学生深入思考 概括，得到正确答案 通过搜索，通过读书形成知识建构
22 分 30 秒	下面做一个小游戏：找伙伴(课件出示方格图与图片) 如果让一样的图片换到一起，应该怎样移动？ 指派学生到前面演示自己的方法	综合概括 综合实践 指导交流	学生动手操作；交流：先想图片到哪里去，再向哪里移动； 学生到实物投影仪前操作	通过综合实践，培养学生运用思维策略解决问题的能力

续表

时间（分秒）	授课行为（导入、提问、讲解等）	应掌握的技能要素	学生行为（预想回答等）	教学意图
25 分 58 秒 27 分 00 秒	我们刚才在做游戏时用到了今天学到的平移知识 这节课我们学到了哪些知识?	强调 反馈监控	玩具分类；认识平移；在生活中找平移现象；动手实践、在玩一玩中用平移知识解决实际问题	通过反思监控，巩固平移概念

十、教案点评

"认识平移"是京版教材第五单元的教学内容。平移这种现象是生活中常见的几何现象，与生活实际紧密联系。因此本课教学，教师首先从生活入手，根据游乐园里运动的物体，让学生感知物体的运动方式是不一样的，进而探究进行分类。然后在体验中建构科学的平移的概念，通过体验活动，得到平移的概念，并回归生活，接着在玩一玩中运用平移知识解决问题，体现数学与生活密不可分。最后通过小结，总结出学习经验，培养学生的反思学习能力。

在教学中，老师注重培养学生的探究能力，如在 2 分 37 秒时，通过教师探询，启发学生发现分类问题，并带着问题去探究；再如在 8 分 10 秒时，引导学生在搜索中找到生活中的平移现象；在 22 分 30 秒时，通过游戏，发散延伸，培养学生综合运用知识解决问题的能力。

参考资料

1. 邓金主编：《培格曼最新国际教师百科全书》，学苑出版社，1989 年。

2. 孟宪凯主编：《教学技能有效训练——微格教学》，北京出版社，2007 年。

3. 孟宪凯主编：《微格教学基本教程》，北京师范大学出版社，1992 年。

4. 北京教育学院组编：《微格教学教程系列》，科学出版社，2002 年。

5. 施良方：《学习论》，人民教育出版社，1994 年。

6. 朱滇生：《培养小学生的数学素养》，北京教育出版社，2004 年。

7. 吴正宪：《我与小学数学》，北京教育出版社，2001 年。

8. 朱乐平小学数学名师工作室编：《小学数学教师 2013 增刊》，上海教育出版社，2013 年。

9. 王光明、范文贵主编：《新版课程标准解析与教学指导（小学数学）》，北京师范大学出版社，2012 年。

10. 王凤桐、陈宝玉编著：《走进微格教学》，首都师范大学出版社，2010 年。

11. 王凤桐、李涛主编：《微格教学研究案例》，新华出版社，2011 年。

12. 教育部制定：《义务教育数学课程标准（2011 年版）》，北京师范大学出版社，2011 年。

13. 教育部基础教育课程教材专家工作委员会编：《〈义务教育数学课程标准（2011 年版）〉解读》，北京师范大学出版社，2012 年。